韩
超
————
著

融合出版

产品全流程设计
与应用

上海人民出版社

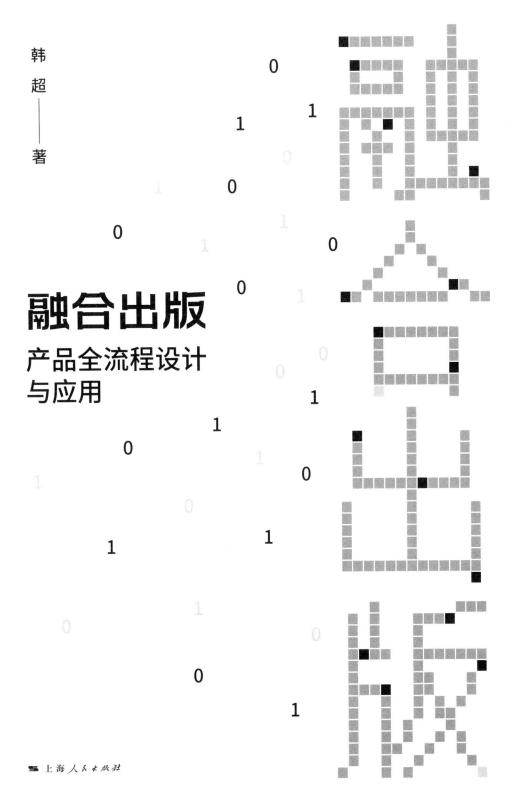

目　录

序　言

　　在当今数字化浪潮的冲击下，传统出版与新兴出版的融合已成为出版行业发展的必然趋势。融合出版不仅代表着出版业的未来方向，更是出版机构在新时代背景下提升竞争力、拓展发展空间的关键举措。正如中共中央宣传部印发的《关于推动出版深度融合发展的实施意见》所指出的，融合出版是出版业转型升级的重要路径。

　　融合出版的出现，打破了传统出版与新兴出版之间的界限，实现了内容、渠道、平台、经营、管理等多方面的深度融合。这种融合不仅体现在技术层面，更体现在出版理念、组织架构、业务流程等深层次的变革上。通过融合出版，出版机构能够更好地整合资源，提高生产效率，丰富产品形态，形成一体化的组织结构、传播体系和管理机制，实现出版内容、技术应用、平台终端、用户读者、人才队伍的共享融通。

　　《融合出版：产品全流程设计与应用》旨在为出版从业者、相关专业学生以及对融合出版感兴趣的读者提供一本系统、实用的教材。全书围绕融合出版产品的策划、设计、加工、管理、制作、运营等全流程展开，通过丰富的案例分析，深入探讨融合出版在不同场景下的应用模式和实践路径。

　　在撰写本书的过程中，我们充分考虑了融合出版的复杂性和多样性。融合出版涉及多个领域，包括但不限于电子图书、数字报纸、数字期刊、网络原创文学、网络教育出版物、网络地图、数字音乐、网络动漫、网络游戏、数据库出版物、手机出版物等。这些新业态的出现，不仅为用户提供了更加丰富的内容选择，也为出版机构带来了新的发展机遇。

本书的案例选取涵盖了多种融合出版形式，如"书＋网络资源"、"书＋在线课程"、"书＋数字平台"等。这些案例展示了如何将传统出版内容与数字技术相结合，创造出更具互动性、个性化的产品。同时，我们还关注了融合出版在基础教育领域的应用，探讨了如何通过融合出版提升教育质量。

通过本书的学习，读者将能够深入了解融合出版的内涵、特点和发展趋势，掌握融合出版产品设计与开发的关键环节，熟悉融合出版的运营模式和管理策略。我们希望本书能够成为读者在融合出版领域探索和实践的有力工具，助力出版行业在数字化时代的创新发展。

I

项目一
融合出版产品策划

本章主要介绍融合出版产品策划案例。融合出版产品策划，主要指策划一款融合出版产品，对其目标用户、使用场景、内容架构、模块部署、运营方案等形成一套完整方案的过程。

在线课程策划

背景介绍

如今，教育与出版已不是一个单独的产业，而是成为科技发展、经济发展、社会生活发展中不可或缺的重要组成部分。教育工作与出版工作不仅是做传播，更参与了知识的建立、精准加工，以及知识在科研社区、教育社区中运行的全过程。

出版与教育的理念已从原来的知识传播向提供知识解决方案转变，知识生产与传播的效率显著提高，极大地提高了知识的运动能力与掌握能力，有助于提高整体的教育水平。同时，知识传播的成本在持续下降，一方面有大量的像社交媒体、在线教育提供的流量信息，另一方面有专业出版提供的系统化信息，两者的深度融合将成为未来的发展趋势。

任务描述

随着互联网技术的不断成熟，人工智能、大数据等新兴技术的快速发展，教学模式的变革与教学需求的转变愈发显著，在线教育逐渐成为重要趋势。

某公司需要推出一款"在线课程类"产品《i 学》APP。通过这款产品，用户可以在产品 APP 上购买并学习在线课程，随时随地获取自己想要的知识。请在分析总结同类产品特点的基础上，完成这款产品的策划方案。

学习目标

1. 知识目标

（1）掌握在线教育的概念及发展；

（2）简述在线教育的呈现形式和目标市场；

（3）说明"在线课程类"产品的策划要点。

2. 技能目标

（1）能分析同类优秀 APP 的呈现方式并加以比较；

（2）能制定在线课程类 APP 产品策划与设计方案。

任务分析

| 产品分析 |

1. i 学

《i 学》APP 是复旦大学出版社官方推出的一款高效在线学习工具，为广大师生提供丰富的学习资源，包括各类学科的高清音视频资料、专业学术著作以及权威教材的移动学习课件等，是助力学习者提升知识水平、拓宽学术视野的优秀选择。

《i 学》APP 提供海量正版权威资源，利用先进的移动互联网技术，为用户打造移动学习的新方案，结合移动学习课件、有声点读电子书、独立音视频、金课、慕课、微课等丰富形式，更好地帮助

i 学：首页

i 学：我的

学生随时随地进行深度学习，同时为教师提供学生学习情况的形成性评价，让学习真正地翻转、互动起来。

2. 网易公开课

《网易公开课》APP 是一个汇聚数十万集 TED 演讲、国内外名校公开课及其他知识性视频的免费知识学习平台，覆盖了科学、经济、人文、哲学、艺术等 22 个领域，满足用户的多元学习需求。

《网易公开课》APP 拥有来自国内外顶尖学府的海量名师课程，覆盖文学艺术、历史哲学、经济社会、物理化学、心理管理、计算机技术等二十多个专业领域；作为 TED 官方合作伙伴，向国内用户提供最丰富的 TED 演讲、发人深省的纪录片、轻松易学的可汗学院和品质优越的精品课程。

网易公开课：公开课 FM

网易公开课：TED

1. 在线教育的概念

在线教育即 E-Learning，英文全称 Electronic Learning，是指利用互联网技术传播知识和提供教育服务的一系列方法。在线教育提供给广大学习者一种全新的学习方式，可以随时随地进行学习，为终身学习提供了可能；同时，教与学的本质关系也因为在线教育的兴起而发生了变化，促使教育机构和教学者改变教学方式，为教育提供了全新的发展方向。

2. 在线课程策划要点

（1）课程分类

在线课程 APP 主页为用户提供课程分类，使用户可以尽快找到想要学习的课程内容，提高用户体验，提升用户的学习积极性。

（2）课程显示

将课程讲师、课程内容大纲、课程持续时间等信息显示给用户，方便用户理解和查看。用户可以根据自己对课程的需求进行查看。

（3）付费课程购买

对于部分精品课程，设置购买功能，此类付费课程可在观看前在线支付。此外，还可开放优惠券功能，以增强用户购买付费课程学习的意愿。

（4）课堂互动功能

在观看在线课程的过程中，如有任何疑问，可以在线询问老师或者询问正在观看在线课程的学生。交互式平台可以增加学习兴趣，增加用户的黏性。

（5）测试题

测试题是一种验证学习成果的方法。测试结果可用于查看当前学习阶段的问题。根据多项测试的结果，用户可以总结出一套适合自己的学习方法。

任务实施

在线课程产品《i 学》APP 策划方案

1. 市场分析

作为传统课堂教育的补充形式，在线教育为非在校生获取学习机会提供了重要的途径。在线课程的大规模建设是 21 世纪世界高等教育领域的重要趋势，借助于网络媒体的巨大影响力，优质教学资源得以高效利用。与传统的课堂教学相比，在线教学可以极大地扩大教学规模，降低教学成本，因此具有教学资源、教学对象及教学时空的广泛性，为大众终身学习提供了可能。

2. 产品定位

《i 学》APP 提供海量正版权威资源，多样化的课程类型，涵盖不同领域和年龄段，包含各类教材的移动学习课件、有声点读电子书、配套的音视频、不断更新的金课、慕课、微课等海量资源，更好地帮助学生随时随地进行深度学习。实时互动教学、个性化学习路径、学习进度管理；提供清晰的课程分类和搜索功能，方便用户快速找到感兴趣的课程。同时为教师提供学生学习情况的形成性评价。

3. 受众分析

传统的教学模式中，纸质作业在布置、收集、批改的过程中都存在着低效问题，在线教育就成为学生进步的一种途径，通过在线教育实施一对一教学，精准满足学生的个性化需求，既可培养出更多优秀的学生，又能增加教师的职业幸福感。此外，家长通过在线教育平台还能随时查看孩子的学习情况，了解孩子的学习兴趣，更好地配合学校教育，共同为孩子营造轻松高效的学习环境。

4. 产品功能

《i 学》APP 包括"英语学习"、"电子书"、"书架"、"我的"四个板块，每个板块具有不同的功能。

"首页"板块上方是搜索栏与"扫一扫"，帮助用户快速寻找特定内容，用户可单击消息按钮查看消息列表。滚动的广告栏目为用户推荐如《21 世纪大学英语（S 版）》系列等精彩内容。标签导航和内容推荐帮助用户快速定位目标内容。"电子书"这一板块对《i 学》APP 中的书籍进行分类，用户可按照分类快速寻找所需书籍。板块内支持用户通过搜索查找对应内容，并能够为用户推荐精选读物。"书架"板块能够显示用户的浏览历史，帮助用户方便快捷地找到之前的课程记录，继续未完成的内容。以课程封面组合的形式展现用户近期的浏览内容，统一的排列风格让用户一目了然。"我的"板块中，用户可进行个人设置，并查看个人信息。

5. 体系结构设计

拓展练习

　　根据"在线课程类"产品的策划要点，制定一个"在线课程类"产品《网易公开课》APP策划方案。该产品策划方案需要包括市场分析、产品定位、受众分析、产品功能、体系结构设计等五方面内容。

任务小结

　　1. 与传统的课堂教学相比，在线教学可以极大地扩大教学规模，降低教学成本，具有教学资源、教学对象及教学时空的广泛性，为大众终身学习提供了可能。

2.《i 学》汇集各类教材的移动学习课件、有声点读电子书、配套的音视频、不断更新的金课、慕课、微课等海量资源。功能布局清晰，分为"英语学习"、"电子书"、"书架"和"我的"四大板块，每个板块具有独特的功能，为用户提供便捷高效的个性化学习。

▷ 知识链接

现有在线教育的呈现形式

对在线教育产品的分类有多种方式，按照平台提供的不同服务，目前有五种在线教育机构和产品，分别是：学校、培训机构、学习工具提供商、B2C 教育学习平台以及 C2C 平台；按照教育学习阶段划分为 K12、高等教育、成人继续教育和职业技能培训等不同层次的在线教育；按照平台提供的服务种类划分为文本课件资源类、在线观看课程讲解类等；按照企业单位的在教育方面的专业程度划分为一般商业机构和专业教育机构。

内容方面的提供商，比如百度文库、爱问共享资料、百度云网盘等已经成为大量文本资源储存下载聚集地。科大讯飞的崛起代表着以大数据、自然语言处理技术为主的学习工具提供商的发端，语音转文字等功能使得学习记录方式发生了改变。

各类网校则是 B2C 教育学习平台的代表，这些网校建立网上学习平台，提供文本、图片、音视频资源，或者提供直播课程，逐渐成为在线教育的领跑者。而 C2C 平台本身作为中间方，连接知识提供者和知识获取者，更能容纳各种领域的知识，满足不同用户的知识需求，很多第三方平台从早期的免费开放平台聚集了大量的流量后，开始尝试变现的方式，即开设收费课程，比如知乎、得到APP。

点读产品策划

背景介绍

随着信息时代网络电子技术的飞速发展，传统出版行业面临着新一轮的挑战。在数字化浪潮的大趋势下，传统图书出版业不断遭遇新媒体出版的冲击，面临整体转型的根本性任务。新媒体出版的商业模式尚处于探索之中，"点读类"融合产品正是转型过程中具有代表性的过渡产品。

点读技术是利用数码发声技术给图像文字赋予声音的一种新型多媒体呈现手段。点读技术作为一种新型多媒体教与学的手段，有助于课堂教学生动活泼，寓教于乐；有助于学生学会自主学习的方式，自发地由培养兴趣到形成语感，由形成语感到拥有自信心；有助于教和学得到和谐的发展，提高教学效率和学习效率。

任务描述

随着智能移动终端的兴起，点读类 APP 涌现，用户可以直接在 APP 学习并进行相应点读，扩大了学习群体的范围，从儿童到成人都可以在点读产品移动端进行学习，享受便捷高效的学习体验。

某公司需要推出一款"点读类"融合产品《世图粤读》APP。通过这款产品，用户可以在产品 APP 上实现书籍文本的点读功能。请在分析总结同类产品特点的基础上，完成这款产品的策划方案。

学习目标

1. 知识目标

（1）了解学前读物的特点；

（2）简述点读概念及常见形式；

（3）说明点读产品的策划要点。

2. 技能目标

（1）能够分析比较点读内容的呈现方式；

（2）能制定点读类 APP 产品的策划方案。

任务分析

1. 世图粤读

《世图粤读》APP 是由世界图书出版广东有限公司精心打造的一款专注于语言学习的手机应用。同时，对于对国内方言感兴趣的用户，它也提供了丰富的地方方言学习资源，包括广东话、四川

话、重庆话、山东话等，让用户能够随时随地轻松掌握各地特色方言。该平台的学习资料极为丰富，涵盖图书、期刊、音像等多种形式，通过多元化的学习方式，帮助用户高效掌握语言知识。此外，《世图粤读》还提供便捷的点读书功能，用户可以自由选择心仪的图书，一键下单购买，并借助配套的音频、视频资源，开启沉浸式的

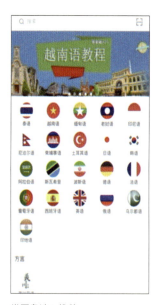

世图粤读：推荐

世图粤读：点读

阅读与学习之旅。

2. 八哥点读

《八哥点读》APP 致力于"让点读流行起来"。软件内集中海量正版资源与知识，均由各大知名出版社提供，支持点读功能，让碎片时间不再无聊，重新定义轻学习的新方式。

《八哥点读》适合全年龄段读者，包含了许多精品内容：实用外语——英语、日语、韩语等；趣味方言——没事点一点，说一口地道方言；微课教辅——中小学生的福音，名师教你好好学；有声绘本——亲子阅读神器，沉浸式童书体验；考前复习——中考、高考、四六级，边点边复习知识点……此外更有各类其他丰富内容不断更新中，为用户提供丰富多彩的服务。

八哥点读：推荐

八哥点读：我的

1. 点读技术及常见形式

点读技术是一种通过 CMOS 摄像头读取纸质材料上的二维码信息，并将其转化为语音信号的多媒体技术。它能够将文字、图示等视觉信息与相应的语音信息同步输出，从而实现图像与声音的有机结合，是一种新型的数码发声教学手段。

点读技术最早起源于美国，随后迅速风靡日本及东南亚国家。近年来，随着技术的不断成熟，点读产品凭借其便捷性和互动性，深受各年龄段用户的喜爱，成为重要的学习工具之一。常见的点读产品包括点读机和点读笔。其中，点读笔是在传统儿童互动图书的基础上发展而来的新型儿童电子产品。它将普通书本与现代技术有机结合，具备点读、复读、翻译、录音、歌曲播放等多种功能。通过光学传感器识别书本上的特定标记，点读笔能够发出相应的声音，实现即点即读。这种产品不仅丰富了学习内容，还通过调动视觉、听觉和触觉等多种感官，极大地提升了使用者的阅读体验。

2. 点读产品的策划要点

（1）**文字设计：**文字在设计中具有画龙点睛的作用，许多作品以文字为核心，通过字体的图形化和符号化来表达创意。在手机界面设计中，可以通过字体大小的对比来营造阅读氛围。较大的字体通常用于强调关键信息，而较小的字体则作为辅助信息，能够增强整体感和精致感，但需注意其阅读性可能相对较弱。

（2）**图形设计：**在手机应用中，由于屏幕尺寸有限，信息图形的种类不宜过多，主要分为两类：传统图形和交互性图形。传统图形多采用摄影、手绘插图等形式，用于构建界面的主图和背景，以突出主题。交互性图形则是界面设计中不可或缺的元素，通过易读简化的图标、层次分明的按钮和其他图形元素，用户可以轻松与应用进行互动。

（3）**色彩设计：** 色彩在应用界面中具有强烈的视觉冲击力和艺术感染力，能够在用户心中留下深刻印象。界面色彩通常由主色调和辅色调组成，主色调应根据界面的性质和内容来确定，色彩种类不宜过多，纯度也不宜过高，以确保信息的可读性。

（4）**空间架构：** 界面空间架构是将文本、图形、色彩、多媒体等视觉元素有机结合，清晰且有层次地传递信息，构建具有设计感的版式和结构。常见的导航样式包括列表菜单式、选项卡式、陈列馆式和超级菜单式，设计师可以根据应用的功能和用户需求选择合适的架构方式。

（5）**阅读逻辑：** 界面设计的阅读逻辑和布局应基于用户的视觉习惯。大多数人的阅读习惯是从左到右，这种习惯不仅影响了版面设计的阅读顺序，也决定了手机界面设计的平衡感。因此，在设计过程中，应充分考虑用户的自然阅读路径，以提升界面的易用性和舒适性。

任务实施

点读产品《世图粤读》APP 策划文案

1. 市场分析

随着点读行业的蓬勃发展，出版社凭借自身在内容资源和版权方面的优势，纷纷进军点读市场。他们通过将出版的图书与点读技术相结合，实现了传统纸书与数字内容的深度融合，为用户提供了更加丰富、便捷的学习体验。这种模式不仅推动了点读行业的技术升级和内容创新，还为行业奠定了坚实的基础，明确了未来的发展方向。

2. 产品定位

《世图粤读》APP为用户准备了非常多的出版读物，覆盖面也非常广，适用于不同用户学习。只要扫一扫，就能马上了解书籍的信息。海量书本，精确查询，帮助用户快速找到想读的书。支持音频、视频的方式在线读书，为用户提供准确、高效、便捷的阅读方式。支持各类语言，让用户能更好地寻找出版读物。

3. 受众分析

外语学习的语种选择日益丰富，不再局限于英语。目前，在线外语学习呈现出明显的多样化趋势，其中日语、法语、韩语和德语的学习需求表现尤为突出。从学习动机来看，英语与其他小语种的首要驱动力趋于一致，但与英语学习不同的是，"兴趣爱好"（如追剧、追番等）成为推动用户学习小语种的重要因素。

在学习方式上，学习工具和在线课程是用户最常选择的途径，而社区平台则通常与学习工具或在线课程协同使用，以增强学习的互动性和趣味性。此外，用户对"一站式学习"的概念表现出强烈的期待，希望在一个平台上满足多种学习需求，从而提升学习效率和体验。

4. 产品功能

《世图粤读》APP包括"首页推荐"、"分类"、"书架"、"我的"

四个板块，每个板块拥有不同的功能。

"首页推荐"板块，支持用户对关键词进行搜索，发现目标内容，并支持用户通过"扫一扫"获取信息，并能通过消息查看功能按钮查看消息。带有广告性质的轮播图对 APP 中最新上架的书籍、各类优惠活动宣传等内容进行展示，用户点击图片便可跳转至对应页面。标签导航，让用户可点击查看图标对应的相关内容。"上新，上新"、"配套音频"、"电子书"等小列表对 APP 所包含的内容进行分类，便于用户快速定位自身所需内容。"分类"这一板块对 APP 中包含的内容按照主题进行分类，包括不同地区的语言、视频、电子阅读等。板块内支持用户通过搜索查找对应内容。"书架"中用户可查看阅读记录。"我的"板块中，用户可进行个人设置，并查看个人信息。

5. 体系结构设计

拓展练习

请根据"点读类"融合产品的策划要点，制定一个"点读类"

融合产品《八哥点读》APP策划方案。产品策划方案需包括市场分析、产品定位、受众分析、产品功能、体系结构设计等五方面内容。

任务小结

1. 策划"点读类"产品时需要注意文字、图形、色彩、空间架构、阅读逻辑。

2.《世图粤读》APP功能布局清晰，分为"首页推荐"、"分类"、"书架"、"我的"四个板块，每个板块具有不同的功能。

▷　知识链接

学前读物的特点

幼儿早期的阅读活动是有目的、有计划的教育活动，旨在帮助幼儿从口头语言过渡到书面语言，并为学前儿童学习书面语言做好重要准备。这种活动不仅能激发幼儿对书面语言的兴趣，还能培养良好的阅读习惯，为他们日后在小学阶段正式识字和阅读奠定基础。幼儿早期的阅读活动应该是充满趣味的，幼儿不应只是被动的听众，而应成为阅读活动的主动参与者。

在儿童阅读过程中，选择合适的图书至关重要。只有符合儿童阅读水平的图书，才能有效激发他们的阅读兴趣并提升阅读能力。儿童的阅读水平有限，识字量较少，因此文字过多的图书往往不适合他们。相比之下，画面丰富、色彩鲜艳、生动有趣的书籍更能通过鲜明的形象帮助儿童理解内容，带来视觉上的美感体验，从而发挥良好的阅读效果。

期刊产品策划

背景介绍

曾经，如报纸、杂志一类的纸质出版物是人们阅读的首选方式。传统的纸质期刊出版物为读者带来了良好的用户体验，在不断的发展中满足读者的阅读需求。随着网络信息时代的发展，互联网技术为人们提供了便利的信息传递与流通方式，更带来了精准化的信息传播。各种依托于互联网的新媒体设备，正逐渐改变着读者们的阅读方式。

新媒体能够为读者呈现形式丰富的阅读内容，读者可以通过多媒体设备在线阅读或者下载内容。这些多种多样的呈现方式、便利的阅读条件，为读者们提供了良好的阅读氛围，也为传统期刊的发展带来了挑战。在新媒体环境下，期刊融合产品的出现是传统期刊生存与发展的突破口。

任务描述

　　期刊融合产品体现着传统期刊与新兴媒体的融合，新兴的传播方式能够扩大期刊的传播渠道，提升服务力与影响力。

　　某公司需要推出一款《故事会》APP 期刊融合产品。通过这款产品，用户可以在产品 APP 上购买并阅读《故事会》期刊内容，实现随时随地的便捷性阅读。请在分析总结同类产品特点的基础上，完成这款产品的策划方案。

学习目标

1. 知识目标

（1）掌握期刊产品的特点；

（2）简述期刊产品的策划要点；

（3）了解期刊融合产品的形态。

2. 技能目标

（1）能分析期刊类 APP 的功能设计；

（2）能制定期刊融合产品策划方案。

任务分析

| 产品分析 |

1. 故事会

《故事会》创刊于 1963 年 7 月，是由上海世纪出版集团主管、上海故事会文化传媒有限公司主办的中文半月刊物。作为中国发行量巨大的故事刊物，《故事会》已成为大众流行文化的代名词，以其卓越的故事创造力，深受读者喜爱。

《故事会官方正版》APP 由上海故事会文化传媒有限公司联手"阅门户"团队打造，完整地还原杂志内容，包括阅读实时更新的每月新刊、订阅《故事会》电子版全年、浏览精选专题中的精品故事

故事会：首页

故事会：首页

与当代故事、听有声故事等功能，更有各类互动体验，让用户能够随时随地看尽、听遍世间故事。

2. Vista 看天下

《Vista 看天下》创办于 2005 年，是目前国内最具影响力的新闻杂志之一，也是全球华文媒体中经 BPA 认证发行量最大的新闻期刊。《Vista 看天下》目前为旬刊，每月逢 8 日、18 日、28 日出版，内容涉及时政、财经、文化、娱乐等领域。相关报道曾引起德国《明星》周刊、路透社等众多国际媒体关注。

《Vista 看天下》APP 不但继承了《Vista 看天下》杂志对新闻的追求，以及做最好看新闻杂志的愿景，而且进一步贴近年轻读者，以更有趣的方式，深入解读社会热点事件、潮流与趋势，方便用户随时随地看天下。《Vista 看天下》APP 除了拥有《Vista 看天下》

Vista 看天下：首页　　　　　　Vista 看天下：全部杂志

的全部电子刊内容，还打造了线上杂志类新产品《号外》，带给用户更加丰富的体验。

| 知识准备 |

1. 电子期刊产品的特点

电子期刊 APP 是传统纸质媒体向新媒体领域延伸的创新成果，专为智能手机、平板电脑、电子阅读器等移动终端量身打造。它融合了图文、音频、视频等多种信息载体，为用户带来沉浸式的丰富阅读体验。此外，电子期刊 APP 支持实时信息更新，并通过互动功能打破了纸质期刊单向传播的局限，实现了与用户的即时交流。这种随时随地的阅读便利性，使其深受读者喜爱，成为现代阅读的新选择。

2. 期刊产品的策划要点

（1）数据与信息交互

数据与信息交互是期刊融合产品发展的崭新机遇。一方面，对数据资源的整合使得发行商更加注重刊物特色，从而吸引关注度。因此，除了传统纸媒期刊的 APP 化转型外，一些专门的新闻类 APP 期刊、旅游类 APP 期刊、时尚类 APP 期刊也应运而生并备受欢迎。另一方面，大数据资源使得以往从出版物到读者的单向、延时传播模式，逐渐转变为出版物与读者之间的双向、实时的交流方式，能够更好地满足读者的阅读需求。

（2）便捷的搜索功能

海量信息存储与便捷的搜索功能使得读者可以根据自身需求随时获取个性化信息。数据时代所特有的开放性将为期刊融合产品实现对目标受众更精确的市场细分，乃至向目标受众提供定制化信息与个性化服务创造了客观的可能性。

（3）注重视觉设计

电子期刊相较于传统纸媒期刊，具有电子阅读和网络传播的独特优势。视觉设计上的创新，可以帮助发挥这种优势。在设计上可以合理选择符合期刊主题的图片等素材，从而形成电子期刊稳定的风格和独特的内涵。同时，可以合理应用新媒体元素，在电子期刊中加入音视频等素材，加强内容与形式的融合，丰富电子期刊的内容，提升期刊的视觉冲击性与可读性，加深读者的印象，提升读者的阅读兴趣。

（4）实现小屏阅读

在智能手机和移动互联网深度融入生活的当下，它们已成为大多数人不可或缺的工具。随着终端化阅读的兴起，阅读场景已从传统的电脑端逐步转移到手机、平板电脑等移动设备，从大屏阅读转变为小屏阅读。在这种趋势下，电子期刊 APP 需要积极适应读者的阅读习惯，优化开发与设计，提升小屏阅读体验，从而增强电子期刊的传播力和影响力。

（5）重视互动

与传统纸媒刊物的信息单向传播相比，对于电子期刊而言，信息的双向交流成为了可能。论坛等平台可以成为广大读者展开互动讨论的阵地，在论坛上读者们可以自由发挥、畅所欲言，同时编辑们也可以通过论坛了解读者的需求并加强与读者的互动。基于长期的有效双向互动，可以深入地了解读者的实际需求，并提升读者的用户体验，不断为读者提供一个良好的阅读环境。

期刊融合产品《故事会》APP 策划文案

1. 市场分析

在互联网时代，信息技术的飞速发展使电脑、手机等智能设备成为人们生产生活的必备工具。技术的创新推动了各行业的数字化和网络化转型。特别是 iPhone 的问世，标志着移动通信网络与互联网的深度融合，移动互联网由此诞生。

如今，移动互联网蓬勃发展，出版产业也应顺应信息技术的发展潮流，在巩固传统纸媒的基础上，积极探索数字出版领域的新突破。在新媒体时代，信息的特性发生了质的改变，呈现出交互性、即时性、共享性、个性化和社群化等特点。这些变化要求出版行业必须打破传统发展模式，紧跟时代步伐。

期刊作为出版物的重要组成部分，在内容和传播时效性方面与其他出版物存在显著差异。随着技术的不断进步，期刊与互联网的融合方式日益多样化，期刊融合类 APP 应运而生。这种融合不仅为读者提供了更便捷的阅读体验，也为期刊行业的发展注入了新的活力。

2. 产品定位

作为中国发行量巨大的故事刊物——《故事会》杂志自 1963 年创刊以来，已成为大众流行文化的经典代名词。《故事会》以其卓越的故事创造力，深受读者喜爱，阅读人数已超 15 亿人。《故事会》APP 是一款讲述精彩故事的手机软件，《故事会》APP 还原完整版的杂志，包罗海量的故事。

3. 受众分析

自创刊以来，《故事会》始终致力于推广故事体文学阅读，成为文学普及领域的佼佼者。它曾被誉为"农民工返乡必备杂志"，但其受众群体远不止于此，而是广泛覆盖了亿万国人的通俗阅读需求，深受各阶层读者的喜爱。在过去，人们手持一本《故事会》，在赶路或用餐时随手翻阅，成了一道极具时代特色的风景线。这种深入人心的文化现象在国内刊物中极为罕见，《故事会》也因此得到了"国民刊物"的美誉。

长期以来，《故事会》以通俗易懂、深浅适度、老少咸宜为特色，深受读者喜爱。在网络时代，《故事会》APP 也应延续这种轻松愉快的"消遣"式阅读体验，让经典的故事魅力在数字平台上得以延续，继续陪伴广大读者。

4. 产品功能

《故事会》APP 包括"首页"、"杂知汇"、"书架"、"我的"四个板块，每个板块拥有不同的功能。"首页"板块支持用户对关键词进行搜索，发现目标内容，并支持用户通过"扫一扫"获取信息。用户可以在首页通过消息查看功能按钮查看消息。首页还应包含带有广告性质的大栏目（轮播图），对 APP 中最新上架的书籍、各类优惠活动宣传等内容进行展示，用户只需要点击图片便可跳转至对应页面查看详情。此外，首页还应提供标签导航，让用户可点击查看图标对应的相关内容。这一板块中的"新书上架"、"有声书"、"合订本"等小列表对 APP 所包含的内容进行分类，便于用户快速定位自身所需内容。"杂知汇"板块对除《故事会》以外的其他杂志按照主题进行分类，包括财经类杂志、汽车类杂志以及少儿类杂志。板块内支持用户通过搜索查找对应内容，并能够为用户推荐新刊与精彩读物。"书架"中用户可查看阅读记录。"我的"板块中，用户可进行个人设置，并查看个人信息。

5. 产品体系结构设计

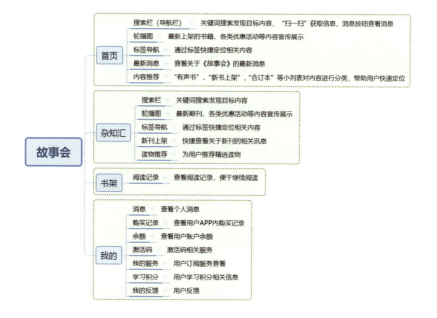

请根据期刊融合产品的策划要点，制定一个期刊融合产品《Vista 看天下》APP 策划方案。该产品策划方案需要包括市场分析、产品定位、受众分析、产品功能、体系结构设计五方面内容。

任务小结

1. 策划期刊融合产品时要注意数据与信息交互、提供便捷的搜索功能、注重视觉设计、实现小屏阅读、重视互动等策略要点。

2.《故事会》APP 是一款专注于精彩故事的手机应用，分为

"首页"、"杂知汇"、"书架"、"我的"四个板块，每个板块拥有不同的功能。完整还原了杂志的丰富内容，涵盖海量经典与新颖故事，延续了轻松愉悦的消遣式阅读体验，让用户随时随地享受经典故事的魅力。

▷ 知识链接

期刊产品类型

《中国大百科全书》的新闻出版卷中，将期刊分为四个大类：（1）一般期刊，强调知识性与趣味性，读者面广，如《人民画报》《大众电影》等；（2）学术期刊，主要刊载学术论文、研究报告、评论等文章，以专业工作者为主要对象；（3）行业期刊，主要报道各行各业的产品、市场行情、经营管理进展与动态，如《摩托车信息》《家具》等；（4）检索期刊，如《全国报刊索引》《全国新书目》等。

当前，我国的电子期刊主要包括三种类型。

（1）有传统纸媒杂志社自主发行的原期刊的独立应用。如《三联生活周刊》APP、《时尚芭莎》APP 等。这类电子期刊在收录已有纸质期刊内容的基础上，还加入了电子期刊专属的实时更新内容，是传统期刊的电子向推广。

（2）第三方机构开发的综合期刊阅读平台。如 VIVI 畅读等。这类平台收集了大量传统期刊内容的电子版，读者可以通过搜索找到指定的期刊开始阅读，一站式服务能够很好地满足读者的阅读需求。

（3）信息互动分享与个性化定制平台。如 Flipboard 等。这类平台对报纸、杂志、实时新闻、微博等各种来源的信息进行了整合，并制作成 APP 期刊，用户还可以个性化定制信息，在一定程度上提升了读者阅读的自由度。

任务四

「中小学题库」产品策划

背景介绍

教育领域的在线题库在网络平台得到了成熟的发展。教辅资源与出版的结合一直非常密切，随着受众需求的不断加强，对于在线教育题库个性化出版的需求日益突出，已经成为出版领域的新话题。

在线题库的出现在一定程度上解决了传统教辅出版的资源更新慢、针对性教学程度弱的问题。但在现实之中，用户对于实体教辅仍然存在一定的依赖性，线上答题的方式难以将题库优势真正的最大化。满足用户需求的优秀的"中小学题库"融合产品可以在一定程度上解决目前题库存在的问题，同时为出版业进行多元化的融合发展进行新的突破与创新，起到双向优化的作用。

任务描述

在线题库以其题库资源的丰富性，平台建设的完善性、服务读者的便利性为突出特点，能够满足用户在线做题的需求。

某公司要推出一款"中小学题库"产品《交小星》APP。通过这款产品，用户可以在产品 APP 上通过题库进行答题练习，并获取相应的评分、解答等信息。请在分析总结同类产品特点的基础上，完成这款产品的策划方案。

学习目标

1. 知识目标

（1）掌握题库的概念；

（2）理解智能组卷的基本方法；

（3）说明"中小学题库"产品策划要点。

2. 技能目标

（1）能够分析比较同类优秀 APP 的多种呈现方式；

（2）能够制定"中小学题库"融合产品策划方案。

任务分析

| 产品分析 |

1. 交小星

《交小星》APP 由上海交通大学出版社出品，集合出版社重点教材教辅资源，以"交大之星"和"星级训练"等系列明星品牌为主，为 K12 用户提供知识学习解决方案。

《交小星》APP 是一款专为 K12 教育阶段设计的教辅配套数字资源课程平台，致力于为学生提供全面、丰富的学习支持。平台拥有海量正版教材教辅资源，涵盖电子书、点读书、配套视听资源、品牌同系列课程资源以及线上题库等多种学习形式，将传统纸质书籍内容高效转化为数字化学习资源，让孩子能够在手机上轻松获取

交小星：首页

交小星：分类

学习资料。平台的课本配套教材资源按照年级严格分类，查找便捷，同时提供与教材同步的练习功能，帮助学生巩固所学知识。

2. 猿题库

《猿题库》APP是一款手机智能做题软件，匹配各省份考试大纲和命题方向，可按考区、学科、知识点自主选择真题或模拟题练习，已完成对初高 中及小学的全面覆盖。猿题库针对高三学生还提供了总复习模式，涵盖全国各省份近六年高考真题和近四年模拟题。

《猿题库》APP全面覆盖各科考点，题库覆盖九大学科教材知识点，各科习题尽收囊中；各省考点同步练习，支持各版本同步练习，分省份按考点做题；实时提供做题报告，分析弱项，查缺补漏，智能评估掌握水平；初高中总复习，历年真题模拟题，名校期末考试题，还有最新考纲题型；练习题目优质解析，解题过程详细，解题

猿题库：首页

猿题库：试题

思路清晰，全面掌握各种学习解题方法；错题自动整理：随身错题本，按照考点分类整理；在线预订课程，无限次回放学习。

| 知识准备 |

1. 题库

根据题库的描述性定义，"题库是具有必要参数的、足够数量的试题的有机组合，是按照一定的教育测量理论，在计算机系统中实现的某个学科题目的集合"。因此以经典测量理论指导建的题库，要求入库的每一道试题除了试题本身的内容外，还要包括题目的编号、来源、知识点、能力水平、难度、效度、区分度、使用情况等多种定性、定量的数据。

2. 智能组卷

智能组卷是题库系统的一个重要组成部分。如何组织试题结构，使组卷具有较高的效率和成功率是试题库设计的一个难点。智能组卷改变了人工组卷中主观因素的影响，有利于教考分离，提高教学质量。具体操作上，首先由教师在组卷设置页面中进行组卷的约束条件设置，包括试卷名称、考试时间、试卷总分、各题型比例、难度系数、学科知识点分布等，设置完成后提交表单，将组卷信息传递到试卷生成页面，同时将试卷名称、考试时间等信息保存到组卷信息表中，然后由系统根据一定算法从题库中抽题。

3. "中小学题库"产品策划要点

（1）同步练习

同步练习功能是为了让学生在课后能够及时巩固所学的知识，

学生一边通过题库 APP 学习教材知识，一边通过题库 APP 浏览大量的课程资料，在学习完成后，出现对应的练习题让学生来完成，帮助所学的知识能够得到及时练习，让学生快速地吸收所学内容。

（2）名校题库

题库 APP 应为学生提供大量的名校测试题，这些通过审批才上线的试题，更精准地帮助学生了解自己在学习中的一些短板，不仅是检验学生对知识的掌握程度，也可以帮助学生评估自己的学习成果。

（3）测试结果报告

题库 APP 应具备测试结果报告功能，让学生在练习结束后，随时并及时查看到自己的做题情况，同时，报告中应对做错的题或较薄弱的知识板块进行反复练习和规划练习，帮助学生在弱项上重点进攻，消除短板问题。

（4）错题集合

题库 APP 应对学生过往的所有错题进行整理，阶段性地进行错题的集中整理，让学生在复习的过程中，重点攻克错题，更好地了解到知识弱项并进行纠正，帮助提高学习成绩，避免在弱项上丢分，毕竟做题多少并不能决定学习质量，做题质量更影响学习质量。

任务实施

"中小学题库"产品《交小星》APP 策划文案

1. 市场分析

在数字化的今天，教育出版社如何寻找教辅产品数字化转型的突破口，保持在教辅市场中的竞争优势，值得思考。题库 APP 的出现为教育出版的数字化转型提供了新的思路和方向，为用户营造了生动、丰富且互动性强的学习环境，增强情感体验，拓展想象空间，极大地激发学习的潜能和自主学习的积极性，尤其是对学习有困难的学生，他们可以利用 APP 产品，减少认知障碍，提高学习信心，增强学习能力。

2. 产品定位

题库 APP 不仅提供正版学习资源，而且结合电子书、点读书、配套视听资源、品牌同系列课程资源以及线上题库等学习方式，通过智能化推荐、多样化学习模式以及即时反馈等功能，让知识变得有趣，让学习更加轻松，帮助用户全面获得成长。以出版社特有教材教辅资源为主，为 K12 学生、家长、教师提供知识学习解决方案。

3. 受众分析

目前，80 后逐渐成为家长的主体。他们普遍受教育水平较高，接近中产阶层的收入水平及有经常使用互联网的习惯。因此对子女教育的经济投入较大，并有使用创新教育产品的意愿。根据现有的 K12 教育类 APP 使用情况来看，超过 7 成用户使用过并表示愿意继续使用此类产品，其中超过半数的用户有意愿为此买单。另外还有两个特点，一是使用者和付费者的分离。使用者主要为学生，而付费者则是家长，甚至学校。二是处于 K12 阶段的学生每天自主学习时间较少，难以完全抢占时间段。

4. 产品功能

《交小星》APP 包括"首页"、"分类"、"书架"、"我的"四个板块，每个板块拥有不同的功能。"首页"板块，支持用户对关键词进行搜索，发现目标内容，并支持用户通过"扫一扫"获取信息。用户可以在首页通过消息查看功能按钮查看消息。首页还包含带有广告性质的轮播图，对 APP 中最新上架的书籍、各类优惠活动宣传等内容进行展示，用户只需要点击图片便可跳转至对应页面查看详情。此外，首页还提供标签导航，让用户可点击查看图标对应的相关内容。板块中的"内容推荐"列表对 APP 所包含的内容进行推荐，便于用户快速定位自身所需内容。"分类"这一板块对 APP 中包含的内容按照主题进行分类。板块内支持用户通过搜索查找对应内容，并能够通过标签列表为用户推荐精选内容。"书架"中用户可查看阅读记录。"我的"板块中，用户可进行个人设置，并查看个人信息。

5. 体系结构设计

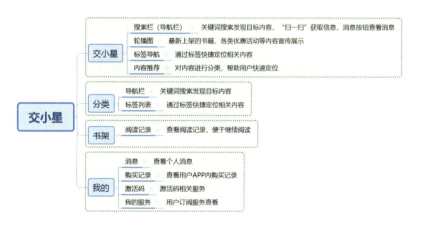

根据"中小学题库"融合产品的策划要点，制定一个"中小学

题库"融合产品《猿题库》APP策划方案。该产品策划方案需要包括市场分析、产品定位、受众分析、产品功能、体系结构设计等五方面内容。

任务小结

1."中小学题库"产品不仅拥有正版学习资源，更提供电子书、点读书、配套视听资源、品牌同系列课程资源以及线上题库等学习方式。

2.《交小星》APP功能布局清晰，"首页"、"分类"、"书架"、"我的"四个板块，每个板块具有独特的功能，为用户提供便捷高效的个性化学习。

▷ 知识链接

试题的不同种类

单项选择题是现代笔试考试的主要题型之一，目的是检验学生对所学知识的掌握程度和辨别分析能力，有且仅有一个正确选项，题干在设问上多种多样，选项往往似是而非，迷惑性较强。

多项选择题，又称多选题，是一种正确选项数目多于1个的选择题题型。多选题典型的分值为2到4分。通常规定，选出了一个或几个正确答案、但没有选出全部答案的给部分分，通常多选题多选一个答案便不给分。当选择题正确选项数目可以在 1 到所有选项数目之间取任意值时，称为不定项选择题。

填空题是几乎每一门学科的试卷上的必有考题，其形式大概为：先给出已知条件，在而后的语句中空出要问的答案以横线代替，以此要求填上正确解。

简答题，介于论述题和填空题之间的题目。主要评价对基本知识的掌握情况，一般只要求回答问题的要点，回答要简明扼要、突出重点，无须展开阐述。

论述题，是主观题的一种。根据题目的要求和自己对问题的理解，清晰而全面地阐述自己观点的题目。这类题目重在考查对问题的理解深度、逻辑思维、文字表达等多种高级能力。

判断题是一种以对或错来选择的答案的题目，表现为出一句话，然后在后面的括号内打上"√"或"×"，只有两种答案——对或错。判断题的命题通常是一些比较重要的或有意义的概念、事实、原理或结论。

任务五

「数字阅读类」产品策划

背景介绍

　　阅读是一种重要的人类文化行为，媒体技术和设备的发展一直在影响和改变着人类的阅读方式。从阅读载体来看，人类早期在经历了甲骨、石头、金属、竹简、绢布上阅读的历史后，直到造纸术的出现，相对稳定地选择纸张上的阅读已有了2000多年的时间。

　　随着电子科技以及网络和移动通讯技术的发展，人类开始进入读屏的时代，电脑屏、电视屏、手机屏、平板屏，我们正处在纸版书阅读和电子书阅读时代更替的过渡中，而现状及各种调查结果显著地表明电子阅读作为一种趋势已势不可挡。

目前，数字阅读已经成为全民阅读的重要发展趋势，多样态的数字传播在阅读方式和产业经济方面呈现出势不可挡的趋势。

某公司需要推出一款数字阅读类融合产品《慕知阅读》APP。通过这款产品，用户可以在产品 APP 上阅读各种书籍，丰富用户的知识层面。请在分析总结同类产品特点的基础上，完成这款产品的策划方案。

1. 知识目标

（1）概述电子书的相关知识；

（2）简述数字阅读类 APP 的基本功能设计；

（3）说明数字阅读类 APP 产品的策划要点。

2. 技能目标

（1）能分析数字阅读类 APP 的交互设计功能；

（2）能够制定数字阅读类 APP 产品策划方案。

任务分析

| 产品分析 |

1. 慕知悦读

《慕知悦读》APP 是由上海交通大学出版社重点打造，围绕出版社海量资源进行内容聚合和数字化开发的平台。"慕知"二字源自"慕之"，灵感来自《离骚》："两美其必合兮，孰信修而慕之。"转化为"慕知"二字，实则是"敬慕知识"的意思。

《慕知悦读》APP 有三大重点板块：畅销品牌、外语学习、有声读物。《慕知悦读》APP 以电子图书、有声读物、语言点读、视频微课为主要形式切入点，以外语学习、社科人文、理工医学为主要内容切入点，将交大社一手优质资源进行数字化开发，自开发之始，

慕知悦读：畅销品牌

慕知悦读：外语学习

不断更新和优化内容板块和界面体验，希望能为用户提供更为完整丰富、符合阅读和学习习惯的知识服务平台。

2. 网易蜗牛读书

《网易蜗牛读书》APP 是一款由网易推出的手机读书软件，致力为广大用户可以通过手机获得更加专注无干扰的纯粹阅读。《网易蜗牛读书》APP 为用户精心甄选最优质值得一读的好书，并通过简约精致的 UI 界面向用户传达精品阅读内容。

《网易蜗牛读书》APP 主打精品畅读的高品质 APP，海量优质出版书，涵盖理想国、上海译文、果麦、磨铁等优质出版品牌书籍；各种历史名著、互联网经管、心理社科、影视小说、漫画绘本等分类精品书；专业领读人阅读书单推荐、针对每本书提供问答互动评论；全新记事本模式，卷轴模式下右滑即可写批注，带着独立思考的大脑享受阅读；全新的共读功能，让你可以和小伙伴一起组队看

网易蜗牛读书：推荐

网易蜗牛读书：提问

书、聊书；个性化阅读器极简风格，支持自定义设置主题、字体、翻页方式等。

| 知识准备 |

1. 电子书的定义

电子书是指以数字形式制作、出版、存取和使用的出版物，通常需借助一定的阅读软件和设备进行读取。不同企业出于保护自身商业利益与内容资源等方面的考虑，开发的电子书阅读器与阅读软件在格式标准上并不统一，造成彼此之间兼容性较低。

2. 数字阅读类产品策划要点

按照阅读内容的不同，数字阅读类 APP 可分为阅读平台类、漫画类、少儿读物类、专业读物类。阅读平台类数字阅读 APP 中的内容多以文字为主，如多看阅读、网易云阅读；漫画类的主要内容为各式各样的漫画，如腾讯动漫、布卡漫画；少儿读物类的数字阅读 APP 内容形式与交互非常丰富，受众是儿童，如小伴龙、口袋故事；专业读物类数字阅读 APP 的内容是某一专业领域的垂直细分内容，如诗词中国。

按照阅读动机的不同，可分为深阅读、轻阅读、超轻阅读类数字阅读 APP。深阅读类的数字阅读 APP 以书城类为主，可以进行深度阅读，追更网络文学或阅读轻社交，如塔读文学；轻阅读以享受娱乐、打发时间为动机，如豆瓣贴吧、知乎等；超轻阅读主要用于获取新闻、科技、财经等资讯，如今日头条、腾讯新闻客户端等。

界面设计方面，数字阅读类 APP 的主要特点是获取便捷，易于携带，领域广阔，作用繁多，在设计数字阅读类 APP 界面的时候要注重用户体验与视觉感受，在设计技巧方面要注意体验功能、切换功能、页面功能等，还要遵循简单性、一致性、常识性等原则。

数字阅读类 APP 一般具备导入本地书籍、网上书籍下载、书籍阅读等模块实现的功能，其中阅读模块的子功能包括字体调换、亮度调节、自动翻页等。从设计界面上看，目前流行的数字阅读类 APP 种类繁多，功能设置雷同，互相模仿的情况也很常见，需要基于用户角度对用户的需求进行测量，才能设计出真正符合用户需要的数字阅读类 APP。

任务实施

数字阅读类产品《慕知悦读》APP 策划文案

1. 市场分析

随着生活节奏的加快，人们越来越难以抽出大块时间静下心来阅读。在这种背景下，满足移动阅读需求的手机应用应运而生。电子书 APP 作为较早拥抱移动互联网的领域，凭借其便捷的阅读体验和丰富的内容，迅速吸引了大量用户。近年来，随着文学、小说等内容逐渐成为重要的 IP（知识产权）来源，众多巨头和资本纷纷入局，电子书行业迎来了快速发展的机遇。目前，移动阅读市场仍在稳步增长，尤其是在垂直细分领域，更是充满了新的发展机遇。

2. 产品定位

作为一款实用的掌上阅读工具，拥有海量的图库书，用户可以一键便捷的在线查找，阅读书籍，随时随地走到哪里都可以学习，体验知识的魅力。在阅读方式上，听书功能的使用率显著提升。近七成的数字阅读用户会选择听书功能，用户数量已超过 1 亿，其中愿意为内容付费的比例高达 65.3%。这表明用户对阅读的需求主要集中在愉悦感、省时、方便三个方面。因此，阅读产品需要满足以下几点要求：精准推荐符合用户口味的内容、提供丰富多样的资源以节约找文时间、篇幅适中以便随时随地阅读，以及在不方便看书时提供听书功能。

3. 受众分析

当前，用户阅读习惯呈现出明显的生活化和碎片化趋势。随着城市化进程的加速，人们的生活节奏不断加快，压力增大，时间也变得更加碎片化。数据显示，超过半数的读者习惯在入睡前阅读，而午休时间（12 点左右）、下班途中（17 点左右）以及睡前（21 点左右）则成为数字阅读的三个重要时间节点。

从用户群体来看，阅读人群以年轻人为主，主流阅读内容偏向娱乐化，但优质内容的供给也在不断提升，原创内容的发展空间广阔。未来，阅读内容将呈现多样化趋势，不仅包括已出版的传统内容，还将涵盖用户原创内容；形式上也会更加多元，文字、漫画、音频等都将融入用户的阅读体验中。

4. 产品功能

拥有海量图书库，大量的人文、科学、学术等书籍，堪称手掌中的图书馆，用户可以使用 APP 查找书籍进行学习，随时随地都能进行阅读，随时随地吸纳新的知识。"畅销品牌"主要包含"交大之星"和"星级训练"两块核心内容。将"交大之星"和"星级训练"系列中适合数字开发的内容进行资源整合，以配套音频和视频方式呈现，用户可以通过"慕知"平台直接在线播放，为课后学习提供多一种方式和选择。"外语学习"以高等语言学习为主，主要设置五大类内容，包含：小语种、四六级、托福雅思、中高级口译以及高等教育学习等。用户只需手指点一点可供点读的区域，就可以同步获得相应部分的音频和视频内容，这样，语言学习的效果就会大幅提高。"有声读物"是结合优质的作者资源和高质量的图书资源，自主开发一系列知识付费内容和听书产品。这一板块的内容打造的时间长、质量高，希望能为用户提供不一样的知识体验。"首页"中为用户提供关键词搜索功能，支持通过"扫一扫"获取信息，轮播图用于展示APP中的精彩内容、各类优惠活动等信息标签导航能够帮助用户快速定位自身所需内容。"分类"中用户可以按分类查看所需内容，或通过搜索寻找所需内容。"书架"中用户可查看阅读记录。"我的"板块中，用户可进行个人设置，并查看个人信息。

5. 体系结构设计

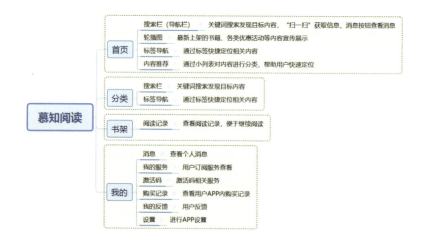

拓展练习

请根据数字阅读类 APP 产品的策划要点，制定一个数字阅读类 APP 产品《网易蜗牛读书》APP 策划方案。该产品策划方案需要包括市场分析、产品定位、受众分析、产品功能、体系结构设计等五方面内容。

任务小结

1. 电子书可以说是较早拥抱移动互联网的一类 APP，在早期凭借便捷的阅读体验和丰富的内容迅速收获了大批用户。

2.《慕知悦读》APP 上拥有海量的图库书，大量的书籍提供给用户，用户可以一键便捷地在线查找，阅读书籍，随时随地走到哪里都可以学习，体验知识的魅力。

▷　知识链接

数字阅读类 APP 产品的分类

按照其依托优势的不同，数字阅读类 APP 分为资源类、用户类、技术类、电商类、渠道类。资源类数字阅读 APP 大多源于原创文学网站，自身拥有较稳定的运营模式，如书旗小说、起点文学；用户类数字阅读 APP 由门户网站或通过其他产品已经聚集起大量用户的公司开发，如百度阅读、QQ 阅读；技术类数字阅读 APP 多由专门的移动阅读公司开发，致力于满足用户的阅读体验，如掌阅、熊猫看书；电商类数字阅读APP是由电子商务网站开发而成，书籍资源可在此网站平台购买，如Kindle阅读软件、当当阅读；渠道类数字阅读APP依靠网络运营商（中国移动、中国电信、中国联通）推广渠道，如咪咕阅读、天翼阅读。

「卡片式学习」产品策划

背景介绍

当今社会，信息技术发展日新月异，移动互联网、物联网、大数据、云计算、虚拟现实等技术日渐成熟，平板电脑、电子阅读器、智能手机等便携设备在工作、学习与生活中普遍应用，当今社会，信息技术发展日新月异，移动互联网、物联网、大数据、云计算、虚拟现实等技术日渐成熟，平板电脑、电子阅读器（Kindle、IPad等）、智能手机等便携设备在工作、学习与生活中普遍应用碎片化时代已经到来。

碎片化时代需要碎片化学习，碎片化学习已经成为移动互联网时代学习的"新常态"。随着移动互联网、大数据、云计算、虚拟现实等新一代信息技术的发展，人们的行为方式和学习习惯正在悄无声息地发生深刻变化，人类正进入"碎片化"学习时代。在这样的背景下，"卡片式学习"产品受到了人们的欢迎。

任务描述

　　碎片化学习资源已经融入我们的学习、工作与生活中，是开展碎片化学习的重要载体。某公司需要推出一款"卡片式学习"产品《百词斩》APP（安卓版：7.6.17）。通过这款产品，用户可以在APP上进行碎片化的词汇学习。请在分析总结同类产品特点的基础上，完成这款产品的策划方案。

学习目标

1. 知识目标

（1）了解利用碎片化时间学习的新趋势；

（2）简述"卡片式"新型学习模式的特点；

（3）说明"卡片式学习"产品的策划要点。

2. 技能目标

（1）能分析与比较同类APP的多种呈现方式；

（2）能够制定"卡片式学习"产品策划方案。

任务分析

| 产品分析 |

1. 百词斩

《百词斩》APP 是由成都超有爱科技有限公司针对英语学习开发的一款"图背单词软件"。百词斩覆盖了从初高中、四六级、考研，到雅思、托福、SAT、GMAT、GRE 等全部英语考试词表，为每一个单词提供了趣味的配图和例句，让记单词成为一种乐趣。适合从 12 岁到 24 岁的所有学生群体备考英语。

《百词斩》APP 为学习者提供了智能模式、听音辨意、拼写题型、中文选词、图片添加释义、例句翻译、正确错误提示音七大单词学习模式，学习者可根据个性偏好选择其中一项或多项，从而实现个性化

百词斩：单词

百词斩：训练

学习。软件内含各主流考试的词汇表，超过 15000 张单词卡片，配以全情景配图式记忆和全母语者真人朗读例句，让背单词不再枯燥。

2. 扇贝单词

《扇贝单词》APP 是词汇学习平台扇贝网（shanbay.com）的移动客户端。《扇贝单词》APP 的主要功能是为用户提供效率更高的方法记忆单词、学习英语。每天都有几十万用户共同学习，在社区中分享自己的学习经历和成果，大家互相鼓励共同进步。软件先进的自适应学习算法能够根据使用者的程度和复习结果，动态调整学习材料和方式，帮助用户从易到难循序渐进。

《扇贝单词》APP 已经帮助了几十万用户走上了坚持学习的良性循环，不仅提高了英语能力，同时培养了有益终身的学习和生活习惯。软件丰富的学习资源，包含权威的例句、有趣的笔记。这些资料和词汇智能有机的结合，有效地促进记忆和理解。

扇贝单词：单词

扇贝单词：课程

"卡片式学习"产品的策划要点

"卡片式"新型学习模式在英语学习中最为常见。词汇学习是英语学习中不可缺少的成分，因为词汇量对于英语表达能力、阅读能力、写作能力等多种能力都起到直接的影响。在新的环境下，各类学习APP不断涌现，为学习者提供了不受时间、不受地点限制的移动学习方式。同时，互联网大数据的发展为各种学习产品在趣味性与针对性方面的提升提供了技术支持。而通过APP学习英语单词，自然成为了英语词汇学习的必然方向。

与传统词汇学习的学习者主要通过听、说、读、写等方式开展单词学习不同，移动化的单词APP可以为学习者提供丰富的多媒体学习资源，甚至在虚拟与现实之间还原单词的运用情境，让学习者学习到的单词更加丰富立体。此外，移动化的单词学习APP还可以为学习者提供与其他学习者讨论与交流的平台，为学习者之间分享学习笔记与学习经验提供便捷，为学习者提供良好的学习氛围。

任务实施

"卡片式学习"产品《百词斩》APP策划文案

1. 市场分析

在新的环境下，各类学习APP不断涌现，为学习者提供了不受时间、不受地点限制的移动学习方式。同时，互联网大数据的发展为各种学习产品在趣味性与针对性方面的提升提供了技术支持。而通过 APP 学习英语单词，自然成为英语词汇学习的必然方向。

2. 产品定位

作为新兴的单词学习 APP，在图背单词 APP 中体现较强的代表性，词汇范围包括初高中、四六级、考研及雅思、托福、SAT、GMAT、GRE 等国内外所有英语考试词表，以 12 到 24 岁的学生群体为主要目标，通过图片选择的方法让学习者记忆单词，凭借趣味的配图和例句提升英语学习者的能力。

3. 受众分析

在线英语教育的主要分为三大人群，少儿英语的主要面向人群是对儿童有决策权的家长、其他的成人类产品主要针对的人群是学生和在职人员。《百词斩》APP 针对的主要人群是有考试需要的人群，包括学生和参加社会考试的职场人，通过字图结合的方式提供真实的模拟场景，满足学生和参加社会考试的职场人进行英语考试时单词量的记忆和提升。

4. 产品功能

（1）个人管理：可以制订学习计划的功能为学习者提供可调节的学习空间，满足不同学习者的学习需求，增强学习的规律性以及可行性。学习者能够选择自己感兴趣的题材进行学习，可以在学习中看到与自身兴趣相关的例句或图片，借此增强学习动力；

（2）首页部分：可以下载离线单词包的功能降低了流量的使用，在节约流量的同时避免不必要的浪费；

（3）学习部分：采用趣味的例句发音和选择图片的方式让学习者记忆单词，遵从认知心理学和功能主义语言学的理论原则，让学习者产生不一样的学习体验，突破以往单一化的教学模式，让学习者在联想中学习单词，在例句中理解单词含义，借此加深词语印象。

5. 体系结构设计

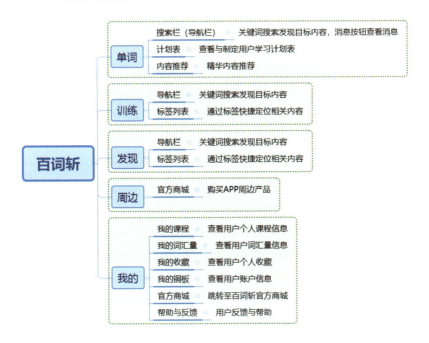

拓展练习

　　请根据"卡片式学习"产品的策划要点，制定一个"卡片式学习"产品《扇贝单词》APP策划方案。该产品策划方案需要包括市场分析、产品定位、受众分析、产品功能、体系结构设计等五方面内容。

任务小结

1. 移动化的单词 APP 可以为学习者提供丰富的多媒体学习资源，甚至在虚拟与现实之间还原单词的运用情境，让学习者学习到的单词更加丰富立体。

2. 《百词斩》作为新兴的单词学习 APP，在图背单词 APP 中上体现较强的代表性，以 12 到 24 岁的学生群体为主要目标，通过图片选择的方法让学习者记忆单词，凭借趣味的配图和例句提升英语学习者的能力。

▷ 知识链接

利用碎片化时间学习的新趋势

移动互联网、物联网、云计算等新一代信息技术在大数据时代的快速发展，催化着学习科学领域中新技术、新产品的产生。人们身上的智能手机与各种"可佩戴"设备，为人们利用大量的碎片化时间穿梭于海量信息中获取知识提供了可能。这些变化，意味着人类进入了碎片化学习时代。

"碎片化"一词最早出现于 20 世纪 80 年代有关"后现代主义"的研究文献中。在教育学当中，碎片化学习是通过对学习内容进行分割，并对大量的知识碎片进行存储、加工、汲取，使学员对学习内容进行碎片化的学习，这样的学习方式称为碎片化学习。它的特点是灵活度更高、针对性更高以及吸收率更高。灵活度更高是指在分割学习内容后，每个碎片的学习时间变得更可控，提高了学员掌握学习时间的灵活度。针对性更高是指在分割学习内容后，学员可重点学习对自己更有帮助或启发的那部分内容。吸收率更高是指在分割学习内容后，由于单个碎片内容的学习时间较短，保障了学习兴趣，在学习成效上对于知识的吸收率会有所提升。

II

项目二
融合出版内容加工

数字内容加工是指对出版资源的数字化整理和加工的过程，主要包括两部分，一是对已经形成纸质图书的存量出版资源重新进行数字化、编码识别、校勘、结构化、重排和标引；二是对已经数字化、矢量化的内容资源和新产出的增量资源进行再次数字化、结构化和各种深度内容标引。

本章主要介绍融合出版内容加工案例。将出版机构的存量和增量资源进行数字化、结构化加工和元数据标引，可以促进融合出版的发展和知识资源数据库的建设。

数字图片制作

背景介绍

随着互联网技术的升级发展，特别是移动阅读设备的普及，读者的学习环境已由原来的单纯纸质阅读转化为日益复杂的阅读环境。教育学习的方式已不仅是"你教我学"的单一形式，还融合了丰富的互动方式等多种形式。

富媒体课件是组织教学资源与过程的重要载体之一，是信息化教学的主要手段和方式。富媒体，即Rich Media 的英文直译，本身并不是一种具体的互联网媒体形式，而是指具有动画、声音、视频和 / 或交互性的信息传播方法。

任务描述

　　某公司需要制作一款《徐汇汇课》APP，致力于提供优质社区教育服务，形成良好的课程发展与培育环境，推动课程开发，培育教师成长，促进教学资源建设，实现社区教育课程可持续建设。

　　本次的任务是为《徐汇汇课》APP设计制作课程广告图。我们将学习富媒体的特征及其支撑技术，学习使用Photoshop制作广告图，并将其储存为要求的格式。

任务目标

1. 知识目标

（1）掌握富媒体的概念；

（2）理解富媒体教材的特征；

（3）了解富媒体的支撑技术。

2. 技能目标

（1）能够设计制作符合要求的课程广告图；

（2）能够将制作的图片储存为要求的格式；

（3）能够在完成上传操作后准确进行检验。

任务分析

| 产品分析 |

《徐汇汇课》APP 共设置四大板块。

1. 推荐

① 滚动大栏目，展示最新资讯，主要来自微信公众号推文，如《徐汇区社区教育课程孵化室》咨询稿；

② 快捷入口：点击可快捷跳转至"精品微课"、"系列教材"、"体验课程"、"教研活动"、"汇聚一堂"、"汇志汇学"等内容；

③ 大栏目，链接"咖啡慢生活"体验课程内容；

④ 微栏目，共四个，分别对应"社区英语"、"生活化妆"、"布艺"、"园区微课"；

徐汇汇课：推荐

徐汇汇课：推荐

⑤ 推荐栏目，包括"家有考生微课"、"咖啡慢生活"、"精品微课"等推荐课程内容；

⑥ 资讯信息栏目，呈现最新的相关咨询信息。

2. 网点

该板块主要为一个大列表，呈现徐汇的各类学习网点信息，包括"老年大学"、"社区学校"、"体验基地"、"社区学习点"等内容，单击即可查看对应学习网点的地址信息。

徐汇汇课：网点

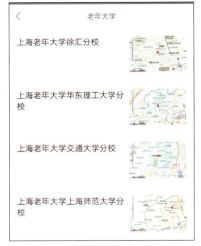

徐汇汇课：网点

3. 足迹

用户在该板块中可以看到个人的浏览记录。

4. 我的

该板块用于呈现用户的个人信息，包括"消息"、"我的服务"、"激活码"、"购买记录"、"学习报表"等内容，也可在该页面进行系统设置。

徐汇汇课：足迹　　　　　　徐汇汇课：我的

| 知识准备 |

1. 富媒体

富媒体通过赋予传统媒体友好的交互效果和复杂的视觉体验，成为一种结合了传统媒体技术和交互技术的新兴媒体形式。富媒体（Rich Media）是一种融合了动画、声音、视频和交互性元素的信息传播方式。它通常包括流媒体、音频、Flash、JavaScript、DHTML 等程序设计语言中的一种或多种组合。其主要特点包括丰富多样的用户界面（UI）展现、深度的用户交互、实时响应和动态驱动性。

2. 富媒体技术

富媒体技术（Rich Media Technology）是一种集成了多种媒体形式（如文本、图像、音频、视频、动画等）和交互功能的综合性技术。它通过先进的编程语言和多媒体工具，将传统的静态内容转化为动态、互动的数字体验，从而提供更加丰富、生动和沉浸式的用户体验。

任务实施

1. 配套资源

图片素材、Photoshop 软件

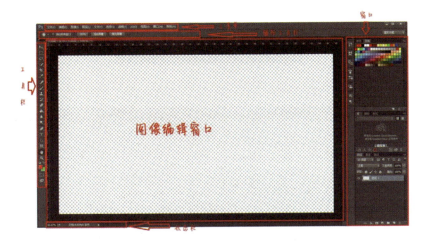

photoshop 操作界面

2. 操作步骤

① 文件 / 新建 / 文档，设置【参数】为 1293×1718 像素，【方向】竖向，【分辨率】为 72，【颜色模式】为 RGB，【背景】为白色，单击创建。

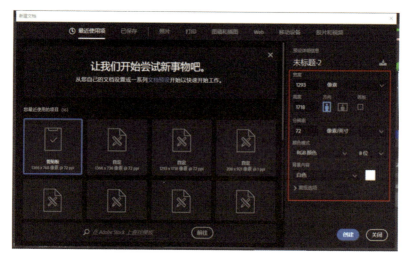

　　② 选择工具箱中的渐变工具，单击工具状态栏渐变颜色条，设置渐变的颜色数量和颜色。

③ 在弹出的渐变设置对话框中，选择渐变的起始色块，并单击颜色框设置渐变的起始色【参数】C20、M10、Y15、K0，确定。

④ 单击渐变条中心增加渐变颜色块，并在选择增加颜色块状态下，单击颜色框设置渐变中心点颜色【参数】C15、M5、Y10、K0，确定。

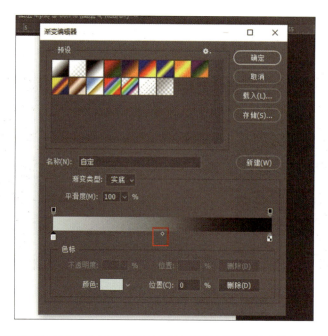

⑤ 选择渐变的终点色块，并单击颜色框设置渐变的起始色【参数】C40、M20、Y20、K0，确定，单击渐变设置对话框的确定，退出渐变设置，鼠标在空白页面上按红色箭头方向拖曳。

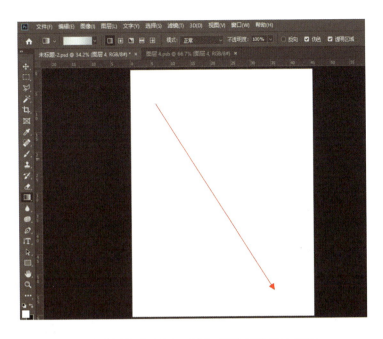

⑥ 可以不断重新拖曳鼠标，以完成渐变背景的制作。

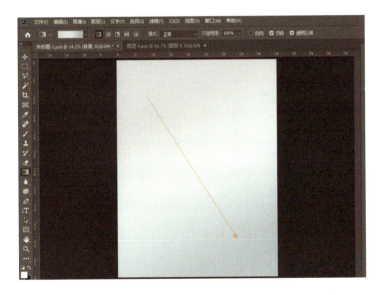

⑦ 文件 / 打开，打开节气素材 .psd 文件，执行选择 / 全部，将素材文件全部选中；执行编辑 / 拷贝，然后切换到新建文档，执行

编辑/粘贴，将素材文件复制到新建文档中。

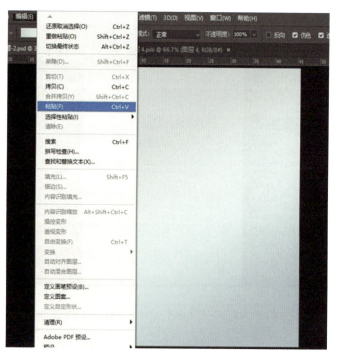

⑧ 工具箱中选择移动工具，移动素材原文件到合适位置。

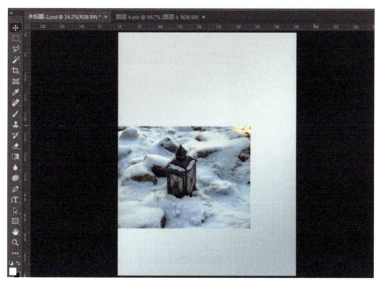

⑨ 工具箱中选择加深工具，在工具状态栏中设置【参数】，笔刷 100，范围中间调，曝光度 100。

⑩ 在图片下边缘和右边缘来回涂抹，形成深色区域。

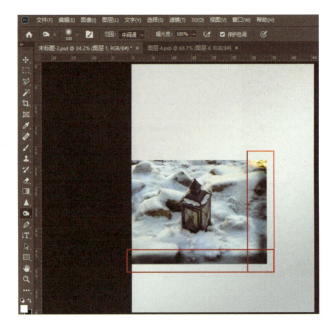

⑪ 工具箱中选择减淡工具，在工具状态栏设置：笔刷 100，范围高光，曝光度 50，取消保护色调。

⑫ 在图片上边缘和左边缘来回涂抹，形成浅色区。

⑬ 工具箱中选择吸管字工具，点击图片深蓝颜色区域，将前景色取为深蓝色。

⑭ 选择工具箱中文字工具，在文字工具状态栏中调整【参数】，【字体】彩云体，【字号】500点，【字形】浑厚。

⑮ 单击页面空白处，输入文字"冰"，选择工具箱中移动工具，将文字摆放到合适位置。

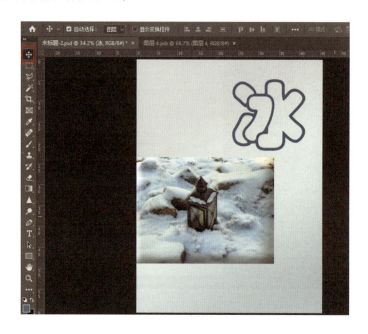

⑯ 单击工具箱前景色颜色框，在弹出的拾色器中设置颜色【参数】：C85、M65、Y50、K5，单击确定。

⑰ 选择工具箱中文字工具，在文字工具状态栏中调整【参数】，【字体】琥珀体，【字号】420 点，【字形】无。

⑱ 单击页面空白出，输入文字"雪"，选择工具箱中移动工具，将文字摆放到合适位置。

⑲ 选择工具箱中竖排文字工具，在文字工具状态栏中调整【参数】,【字体】等线体,【字号】35点,【字形】浑厚。

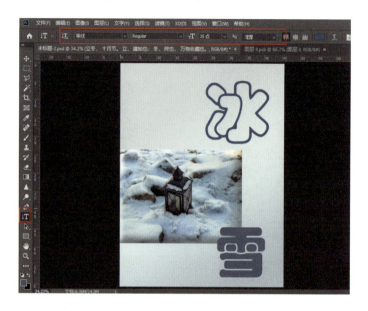

⑳ 打开冰雪文案，鼠标选中文字，执行编辑/复制；点击PS界面返回，竖排文字工具在空白页面上单击，执行编辑/粘贴，将文字复制到文档中。

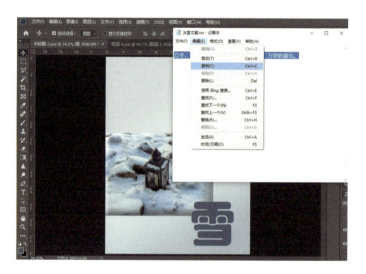

㉑ 竖排文字工具点击相应位置，按回车键，将文本分段；选择工具箱中移动工具摆放文本。

㉒ 最终结果如图。执行文件 / 存储，存储文件。

参考数字图片制作流程及步骤，设计制作一个新的课程广告图。

任务小结

1. 富媒体是指具有动画、声音、视频和交互性的信息的传播方法。

2. 富媒体的主要特点包括丰富多样的用户界面（UI）展现、深度的用户交互、实时响应和动态驱动性。

3. 富媒体技术是一种集成了多种媒体形式（如文本、图像、音频、视频、动画等）和交互功能的综合性技术。

▷ 知识链接

富媒体教材

富媒体教材是数字教材的新形态，以富媒体相关技术为支撑，将视频、文字、图像等各种富媒体资源融为一体，内容设计符合教学大纲、课程标准、教材编写规范等，蕴含先进的教学理念和个性化学习路径，学习方式更加自由，能极大地提升学习者的参与度和资源的黏合度。富媒体教材具备富媒体性、交互性、时效性、个性化等特征。

① 富媒体性。富媒体教材利用功能强大的富媒体技术，通过媒体标记语言、脚本控制语言，将文字、图片、音视频和动画等富媒体资源重新组合，以更丰富的页面显示效果展现出来，拓展了课程资源的内涵和空间。富媒体特征是数字教材的外在表现形式。

② 交互性。富媒体教材整合了教材资源、教学活动、课堂测评、课后复习等环节。学习者可以在线提交作业、在线提问，与老师实时交流和互动，获得个性化的教学辅导；学习者之间可以分享心得、相互帮助解答问题；学习者通过操作电子设备对教材简单的标注、选择，根据自己的学习意愿来选择学习资源。在很大程度上增强了学生参

与学习的主动性，激发了学生的学习兴趣，提高了学习效率。交互性是富媒体教材的关键特征。

③ 时效性。与传统教材相比，富媒体课件开发周期短，更新速度快，可以通过二维码等技术快速链接制作好的微课等富媒体资源，也可以通过云服务器实现资源共享，推陈出新。

④ 个性化。富媒体教材的高级出版模式是富媒体资源的教材化，包含了大量用户的行为轨迹和兴趣爱好，具有较强的针对性，能满足用户的个性化学习需求，按需索取，实现真正的"因材施教"。

任务二

分享视频编辑

背景介绍

作为 Web2.0 时代的产物，视频分享网站的出现代表着新媒体的兴起与发展，为用户提供的开放式平台，更加注重与广大用户之间的交流与互动，在获取信息的过程之中，还可以作为网站内容的制作者，丰富网络信息，不再受时间和地域的约束，自由分享信息，掀起了全民参与互联网的热潮，同时也为传统媒体带来了一定的冲击。未来，随着 Web3.0 的逐渐发展，去中心化、区块链等技术将进一步改变信息传播和用户互动的方式，为媒体行业带来新的机遇和挑战。

任务描述

　　某公司正在推出一款《旅游纪录片》APP。这款 APP 中将包括一部原创旅游题材的《旅行天下》纪录片，拥有环游世界、中国行系列近 400 集，通过互联网移动端，为用户提供碎片化时间的浏览，更好地了解世界。

　　本次的任务是使用恰当的视频剪辑软件剪辑预告片，并将其储存为 mp4 格式，最终完成影片的导出。我们将学习视频分享在线出版物的制作方法，学习视频编辑的分类以及网络新媒体视频的编辑技巧，并了解视频剪辑的步骤以及其内容。

学习目标

1. 知识目标

（1）了解视频编辑的分类；

（2）掌握视频剪辑的步骤；

（3）理解视频剪辑的基本内容；

（4）掌握新媒体视频的编辑技巧。

2. 技能目标

（1）能够使用剪辑件进行视频剪辑；

（2）能够将视频储存为要求的格式。

任务分析

｜ 产品分析 ｜

《旅游纪录片》APP 共设置三个板块。

1. "首页"

该板块上方是"搜索栏"与"扫一扫"，帮助用户快速寻找特定内容。下方是一个滚动的广告栏目，为用户推荐精彩内容。一个微栏目，共有五个图标，分别对应"游世界"、"中国行"、"超高清"、"畅销榜"、"免费看"五个内容；推荐栏目，包括"欧洲最值得去的地方"、"中国最美的地方"、"超高清"等推荐内容；后面是许多列

旅游纪录片：首页

表，为用户呈现多种精彩内容。

2. "分类"

按照分类为用户提供便捷服务，支持搜索功能。

旅游纪录片：分类

3. "最近浏览"

该板块能够显示用户的浏览历史，帮助用户方便快捷地找到之前的浏览记录。景点图片组合以统一的风格排列形式展现，让用户一目了然。

| 知识准备 |

1. 视频编辑的分类

视频编辑分为线性编辑和非线性编辑两大类。其中线型编辑属于传统的编辑方式，是将放像机和录像机相组成的编辑方法，其存储对象是磁带类，使用这个材料的缺点是容易造成磁带破坏镜头丢失，如若需要插入或者删除镜头就需要将相关镜头重新录制，容易造成成本和资源的浪费。非线性编辑则是通过计算机操作来实现视频编辑，它主要使用硬盘作为储存媒介。使用硬盘储存的优点在于其没有时间线的限制，对于需要修改、重拍的镜头可以随意插入新片段或者删除不满意的片段，这样能够节约视频剪辑的时间和设备使用成本、降低人力成本从而减少整个视频的成本投资。

2. 视频剪辑的步骤

视频编辑是一个从前期准备到最终输出的系统性过程。具体步骤如下：（1）明确视频目标和受众，收集并整理所有素材，制定剪辑计划；（2）在剪辑软件中进行粗剪，搭建视频框架并初步拼接素材；然后进行精剪，优化镜头选择和剪辑点，调整节奏，添加转场效果、处理音频，选择合适的背景音乐和音效，调整音量平衡，确保对白清晰。同时，添加字幕和特效，进行色彩校正与调色，确保画面色彩一致且风格协调；（3）全面检查视频的衔接流畅性、音画同步、画面质量和字幕准确性，并根据测试和反馈进行优化；（4）根据发布平台要求选择合适的格式导出视频，并进行发布与推广。

任务实施

1. 配套资源

预告片视频素材、"爱剪辑"软件。

2. 剪辑步骤

① 下载、安装和打开软件：在应用商店里搜索"爱剪辑"，下载安装到电脑上，打开软件。

② 新建项目：打开软件后在首页界面弹出的"新建"中输入片名、制作者等信息。视频大小设置为 1920×1080（1080P）是最高分辨率，相应的导出影片也最大，否则设置为默认选项。

③ 进入主界面

进入软件主界面，主要分为四个部分：左上部分为功能选项卡、文件列表以及原片和声音编辑界面；右上部分可预览视频效果、倍速播放、导出视频等；左下部分为剪辑视音频的轨道；右下部分显示影片信息。

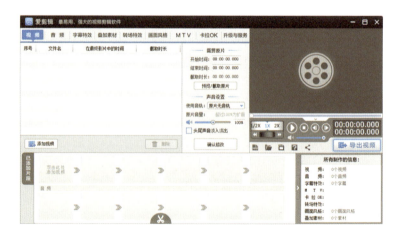

④ 添加视频和音频：在视频界面中点击"添加视频"，从计算机中选择文件对原视频进行编辑。

首先，截取一定时间长度内的原视频放入剪辑轨道，可手动拖动或直接输入开始和结束时间，选取好后预览截取的片段。其次，在右上部分视频预览窗口适当位置处添加字幕文字，设置字体、大小、颜色等。再次，添加"出现特效"、"停留特效"、"消失特效"三类字幕特效，每种特效都有多种选项可供选择，根据字幕内容进行选择，并保持风格一致。

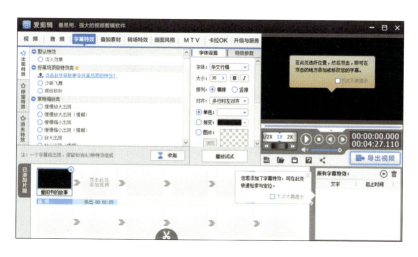

⑤ 导出影片和保存源文件：后期制作完成后，在右上部分预览窗口中完整预览影片，若无问题，则点击"导出视频"，将成片保存到相应文件夹中。关闭"爱剪辑"软件时，将当前制作的所有设置保存为工程文件，以便下次重新加载编辑。

拓展练习

参照课堂上的操作，使用已有的素材，再次进行剪辑，并为影片加入简单特效，存储为 mp4 格式。

任务小结

1. 视频编辑由线性编辑和非线性编辑划分成两大类；

2. 视频剪辑分成三个阶段：准备阶段、剪辑阶段与合成阶段；

3. 网络新媒体视频的编辑技巧包括在视频剪辑的过程中选取适合的镜头、合理使用视频收录的现场声、把控制品的内容和时间、对视频进行必要的包装等。

网络新媒体视频的编辑技巧

　　网络新媒体作为传统媒体的延伸和发展，以更灵活多样的传播形式成为媒体发展的新趋势。视频剪辑与播放的创新形式，不仅拓展了媒体传播的边界，更成为提升传播影响力的关键手段。当前，无论是传统媒体还是新兴媒体从业者，都在积极拓展网络新媒体业务，以扩大传播范围和影响力。在视频剪辑与传播过程中，需遵循以下原则：

　　1. 政治性原则：视频内容必须严格遵守国家相关规定，确保言论表达恰当，符合社会舆论导向。内容应符合政策标准，杜绝违法或不当画面，确保视频顺利传播。

　　2. 逻辑性原则：镜头切换需遵循语言逻辑，使画面流畅、立体，便于观众理解核心信息。编辑时应按内容讲述顺序编排镜头，增强视频的合理性和可视性。

　　3. 趣味性原则：为提升吸引力，可在视频中设置悬念，避免内容流水式叙述，激发观众继续观看的兴趣。

在线音频编辑

背景介绍

出版是系统传播思想文化和知识体系的行业。随着互联网的兴起及移动终端技术的发展，以知识传播为特征的音频出版契合了现代人对于各类知识的旺盛需求。

"阅读"有声书成了我们这个时代的阅读变革，同时也是在信息大爆炸社会背景下所衍生出的一种阅读现象，它的出现和流行是不得不面对的现实。有声书阅读的群体正迅速膨胀，而这些人群多是知识阶层。

任务描述

　　某公司需要制作一款《悦库有声小说》APP，帮助用户随时随地都能听小说。这款手机应用包括了热门小说、人文哲学、悬疑推理、恐怖惊悚、科 幻未来、玄幻奇幻、都市言情、官场商战、军事历史等各种题材。

　　本次的任务是为 APP 的制作录制一批音频素材，能够使用 CoolEdit 软件成功录制配有背景音乐的音频，并将其储存为 mp3 格式，以便于进行后面的音频出版操作。我们将学习音频服务在线出版物的制作方法，学习常用的音频处理方式，掌握音频录制的方法。

学习目标

1. 知识目标

（1）理解音频的定义；

（2）了解常用的音频处理方式；

（3）掌握音频的几种常见格式；

（4）了解不同音频格式的特点。

2. 技能目标

（1）能够进行音频录制；

（2）能够将音频储存为要求的格式；

（3）能够在完成上传操作后进行准确检验。

任务分析

| 产品分析 |

《悦库有声小说》APP 共设置三个板块。

1."推荐"

该板块上方是"搜索栏"与"扫一扫"，帮助用户快速寻找特定内容。下方是个滚动的广告栏目，为用户推荐精彩内容。广告栏

悦库有声小说：推荐

下方是"重温经典"、"悦听·历史"等列表，通过分类的方式进行推荐。

2. "书架"

该板块能够显示用户的听书历史，帮助用户方便快捷地找到之前的听书记录，继续未完成的书籍。该板块上方以书籍封面组合的形式展现用户近期的听书书目，统一的风格让用户一目了然。为避免重复，该板块下方则区别于上方的图片展示形式，而选用列表，对用户近期听的书目进行展示，包括封面、状态和价格。

悦库有声小说：书架

3. "我的"

该板块上方为用户头像，未登录时点击图标即可登录。登录栏目下方依次为"消息"、"我的服务"、"激活码"、"购买记录"、"设置"等，点击即可查看对应内容。

悦库有声小说：我的

| 知识准备 |

1. 音频的定义

一直以来，声音都是人们感知世界和传播信息的重要途径。1906年，人类历史上进行了第一次正式无线电广播，此后，以声音为传播介质的广播快速发展。如今，互联网技术的发展和移动智能终端的普及使得广播不再局限于传统的广播电台和车载广播。移动电台、有声阅读平台应运而生并快速发展，逐步成为群众碎片化时间的重要陪伴媒介。

音频是个专业术语，一般用作描述音频范围内和声音有关的设备及其作用。人类能够听到的所有声音都称之为音频，它可能包括噪音等。

2. 音频处理方式

利用计算机，每个人都可以借助于 CoolEdit、GoldWave 等音频编辑软件对音频进行内容编辑和技术加工。内容编辑指的是利用音频编辑软件对已经录制完成的素材进行修改、复制、移动、删减等音频编辑，使得最终呈现的音频内容符合出版要求。技术加工则主要指的是在音频技术层面上对录制素材的音色、音量比例、动态范围等方面进行技术处理。

任务实施

1. 配套资源

背景音乐音频素材、CoolEdit 软件。

2. 录制原声

① 打开 CoolEdit 软件进入多音轨界面右击音轨 1 空白处，插入所要录制片段背景音乐的 mp3/wma 伴奏文件。

② 选择将人声录在音轨 2，按下"R"按钮。

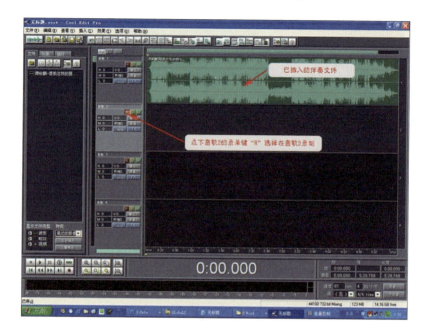

③ 按下左下方的红色录音键，跟随伴奏音乐开始进行录制。

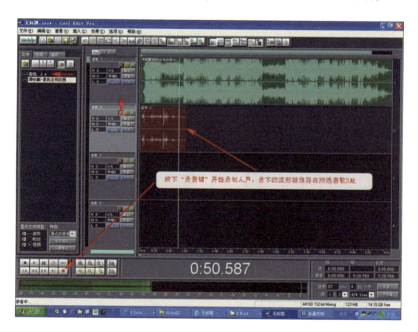

④ 录音完毕后，可点左下方播音键试听，看有无严重的出错，是否要重新录制。

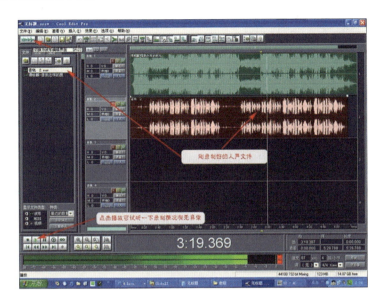

⑤ 双击音轨 2 进入波形编辑界面，将录制的原始人声文件保存为 mp3 格式。

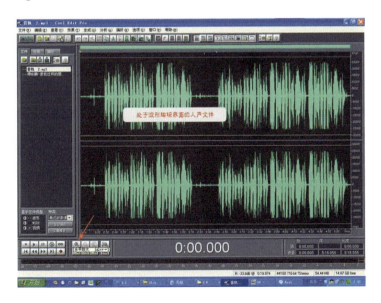

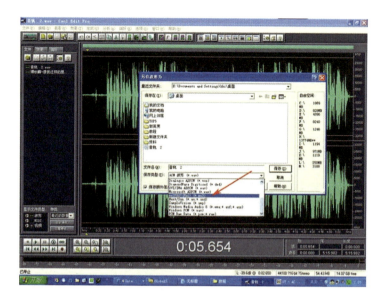

拓展练习

使用 CoolEdit 软件录制一段音频，要求配有背景音乐并存储为 mp3 格式。

任务小结

1. 音频是个专业术语，一般用作描述音频范围内和声音有关的设备及其作用。人类能够听到的所有声音都称之为音频，它可能包括噪音等。

2. 利用计算机，每个人都可以借助于 CoolEdit、GoldWave 等音频编辑软件对音频进行内容编辑和技术加工。

音频的格式

当前，互联网音视频已逐渐成为新媒体的重要组成部分，音视频技术的发展直接关系到新媒体的成长。作为融合出版从业者，熟悉掌握常用的音频格式是一项基本要求。

音频格式就是对声音文件的编码和解码格式，通常最大带宽为 20 kHz，采用线性 PCM 编码。当前比较流行的音频分类为无损格式和有损格式。无损格式又分为无损非压缩格式和无损压缩格式，有损格式一般通指有损压缩格式。无损非压缩格式的代表为常见的 CD 格式和抓轨后的 WAV 格式；无损压缩格式主要指 APE 格式和 FLAC 格式等；有损压缩格式较多较流行，主要有 MP3、WMA、OGG 和 AAC 等。

点读功能实现

背景介绍

随着教育信息化进程的加速推进，国家对教育领域的重视和投入不断增加，点读技术作为一种新型的学习辅助工具，逐渐受到市场的青睐。它通过现代科学技术，将枯燥的阅读材料转变为生动的声音，使学习变得更加有趣和高效。

在教育信息化和数字化转型的背景下，人工智能、大数据等技术的应用，点读技术正朝着个性化、智能化方向发展。例如，通过采用更先进的语音识别技术和更智能的内容推荐系统，点读设备能够为学生提供更加精准和高效的学习体验。

任务描述

　　许多以点读机为代表的点读产品，在为语言学习提供方便的同时也存有不便于携带的不足之处。现在为了解决这个问题，某公司决定开发一款名为《八哥点读》APP，实现其精准点读功能，实现便携式点读服务。

　　本次的任务是运用"点读位置标记"的技术完成正确的位置标记，实现《八哥点读》APP中的精准点读功能。我们将学习点读技术的相关知识，掌握点读位置标记技术。

学习目标

1. 知识目标

（1）了解点读技术的发展；

（2）理解点读技术的优势；

（3）掌握点读位置标记方法；

（4）掌握对已上传素材多媒体编辑的方法；

（5）掌握音频片段与点读位置的匹配方法。

2. 技能目标

（1）能够对已获取到的点读素材进行准确上传；

（2）能够正确进行点读位置标记并与音频对应；

（3）能够在完成点读标记操作后正确进行检验。

任务分析

｜ 产品分析 ｜

《八哥点读》APP 共设置三个板块。

① 推荐

上方的"搜索栏"与"扫一扫"，能够帮助用户快速寻找特定内容。下方是一个滚动的广告栏目，为用户推荐精彩内容。一个微栏目，共有五个图标，分别对应"分类"、"榜单"、"打包购买"、"粉

八哥点读：推荐

丝专区"、"资讯"五个内容；一个推荐列表，包括"高考英语词汇"等内容，为用户推荐 APP 中最热门、精彩的内容；后面是许多列表，为用户呈现各种专区内容。

②"书架"

该板块能够显示用户的浏览历史，帮助用户方便快捷地找到之前的浏览记录，继续未完成的内容。以书籍封面组合的形式展现用户近期的浏览内容，统一的风格让用户一目了然。

八哥点读：书架

③"我的"

板块上方为用户头像，未登录时点击图标即可登录。

登录栏目下方依次为"消息"、"我的服务"、"激活码"、"购买记录"、"设置"等内容按钮，点击即可查看对应内容。

八哥点读：我的

点读技术

点读技术是一种通过读取纸质对象上的信息，将视频信号转化为语音符号，使包括文字、图示等任何覆盖二维码信息的视觉信息与相应的语音信息同步输出的技术，是利用数码发声技术给图像、文字赋予声音的一种新型多媒体教学手段。

任务实施

1. 配套资源

《八哥点读》APP 中点读文本与对应音频素材，"阅门户"平台账号。

2. 正确进行点读位置标记并匹配音频

① 下载点读文本、音频等素材

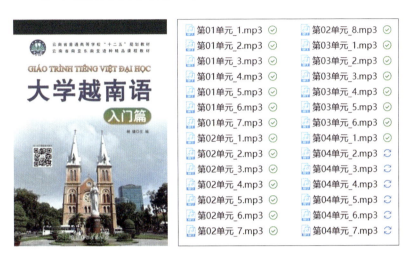

② 对获取到的点读文本素材进行上传

a.登录阅门户后台，单击"知识库"栏目中的"分类"按钮，进行添加分类操作；

b. 单击左侧"知识库"栏目中的"书籍"按钮，上传书籍；

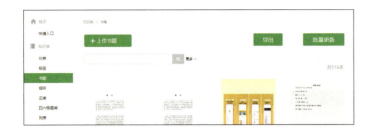

c. 选择商品分类，完成上传。

③ 进行点读位置标记与音频匹配（以第 1 单元为例）

a. 在"书籍"中找到对应内容；

b. 允许网页使用 FLASH，单击"多媒体编辑"按钮；

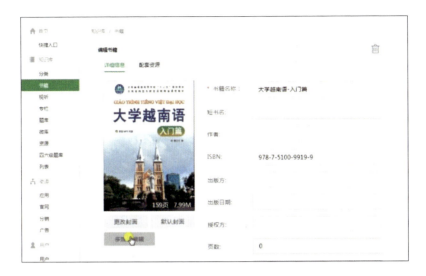

c. 进入"全局设置"，设置音频边框颜色；

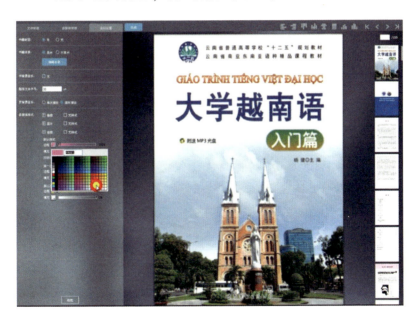

d. 上传音频文件；

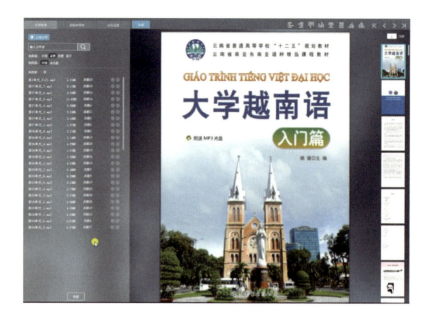

　　e.标记需要点读的内容；

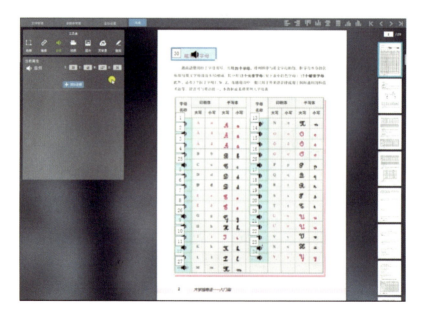

　　f.选取对应的音频文件；

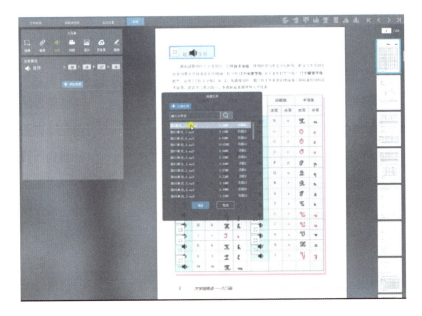

g. 截取对应的音频片段;

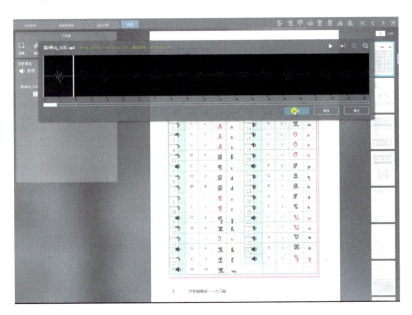

h. 上方工具栏可进行对齐等操作;

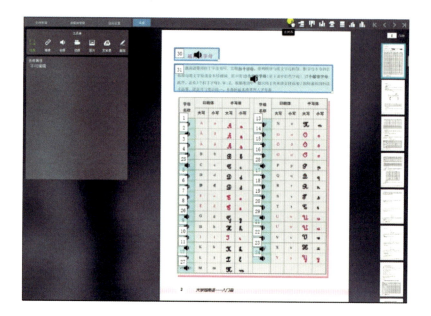

i. 选中后单击右键可在菜单中对点读标记进行删除；

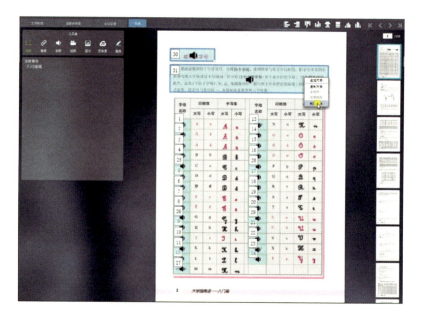

j. 保存。

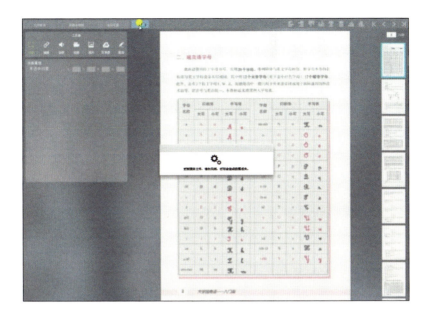

3. 进行检验

点击任意文本内容，自动正确播放对应音频，点读标记匹配正确。

拓展练习

完成《大学越南语入门篇》第 2 单元的点读位置标记与音频片段匹配任务，并完成检验。

任务小结

1. 点读技术是一种通过读取纸质对象上的信息，将视频信号转化为语音符号，使包括文字、图示等任何覆盖二维码信息的视觉信息与相应的语音信息同步输出的技术，是利用数码发声技术给图像、文字赋予声音的一种新型多媒体教学手段。

2. 点读技术的产品最早出现在美国，而后风靡日本和东南亚国家；近年来，点读技术的产品已深受青少年的欢迎，成为他们学习的工具之一。

▷ 知识链接

点读技术支持下的英语学习

外研社把点读技术与基础英语教学相结合，开展了教育部重点课题"点读技术在基础英语教与学中的应用"。课题成果表明，点读技术有效地提升了学生的英语听说能力，提高了教学质量，同时使用点读技术，也有利于加强学生自主学习，凸显学生在教学过程中的主体地位。

1. 听力学习。在听力学习中，学生可以利用点读技术，及时反复地获取相应的音频信息，加深记忆，从而激发学习兴趣。

2. 口语学习。点读技术下链接的音频资源发音纯正，更易于创设语境，将学生带入一个生动形象的语音氛围，吸引学生积极主动地跟读、模仿。

3. 扩展练习。点读技术可以全方位地支持学生课下自主学习，成为课下学习的有力助手。同时，点读资源丰富多彩，甚至有些点读应用在颜色、动画等方面都有设置，可以让文本形象化，潜移默化地影响学生对英语知识技能的掌握。

III

项目三
融合出版内容管理

数字内容在进入资源管理系统前需要进行资源的标引工作。标引即信息的有序化处理，也就是利用一定的规则、技术和方法，通过对内容对象的外在特征和主题特征的揭示、描述和排序，实现无序信息集合转换为有序信息集合的过程。

本章主要介绍融合出版内容管理案例。标引是建立内容检索系统的基础和前提，对内容资源的开发和利用具有重要意义。

图书基本信息标引

背景介绍

近年来，我国数字出版产业整体规模持续扩大，2023 年产业整体规模达到 16179.68 亿元，比上年增加 19.08%，展现出强劲的发展活力。数字出版在出版业中的地位和作用显著提升，已成为新时代我国文化建设的重要生力军。

图书的基本信息标引是数字出版中的重要环节，它不仅有助于图书的分类、检索和管理，还能为读者提供更精准的信息服务。随着数字出版的快速发展，图书的基本信息标引需要适应数字化、网络化的需求，通过标准化的流程和技术手段，实现图书信息的高效传播和利用。

任务描述

图书数字化出版时代的到来，在丰富图书内容的同时，也延伸了图书出版的空间，拓展了图书出版的形式，满足了消费者对现代化图书的需求。在纸质图书数字化出版的背景下，某公司正在打造一个数字出版平台——"智慧树"资源中心。由于图书数量巨大，怎样才能更好地对平台上的图书进行管理呢？

在本次的任务中，我们将学习标引加工的相关知识，掌握在后台进行图书属性标引的方法，能够成功在后台正确进行图书属性标引，并且标引的操作成果能够通过检验，便于后期的图书管理。

学习目标

1. 知识目标

（1）理解图书属性标引的作用；

（2）掌握图书属性标引的方法；

（3）了解常见的图书推荐算法。

2. 技能目标

（1）能够分析纸质图书与数字化图书的优缺点；

（2）能利用所学知识完成图书属性的标引操作；

（3）能够对图书属性的标引操作成功进行检验。

图书属性标引是纸质图书数字化出版过程中的重要内容。

1. 纸质图书数字化

数字化在出版的过程中，将所有的图书信息都以二进制码的数字化形式进行存储，通过光盘和磁盘等介质，把信息存储起来，借助计算机或终端设备进行图书信息的处理和接收。真正的数字出版是依托传统的资源，用数字化手段进行立体化传播的方式。

2. 信息标引过程

标引是信息揭示的主要手段，是根据文献的特征赋予文献检索标识的过程。标引所根据的文献特征以内容特征为主，外部（形式）特征为辅。信息标引过程包括两个主要环节：一是主题分析，即在了解和确定内容特征及某些外部特征的基础上，提炼出主题概念；二是转换标识，即用特定的标识语言表达主题概念，构成检索标识。

任务实施

1. 配套资源

图书属性标引相关素材，"智慧树"资源中心后台账号。

2. 图书属性标引

① 登录界面；

② 图书待编辑状态；

③ 点击"编辑"进行电子书录入；

④ 电子书待编辑状态；

⑤ 点击"采集工具"，进行图书碎片化上传；

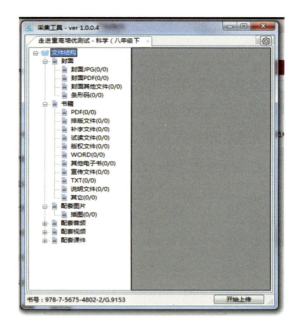

⑥ 电子书制作检查无误后且进行文件夹整理；

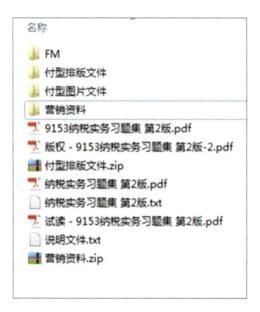

⑦ 文档上传成功；

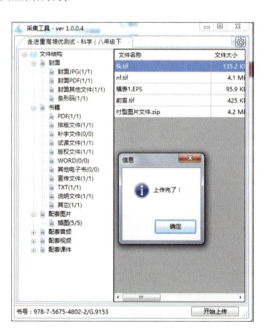

⑧ 基本信息录入，并确定；

⑨ 精编信息录入，并确定；

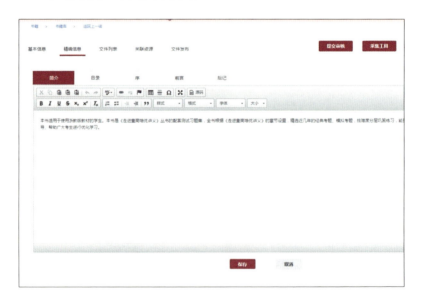

⑩ 提交审核；

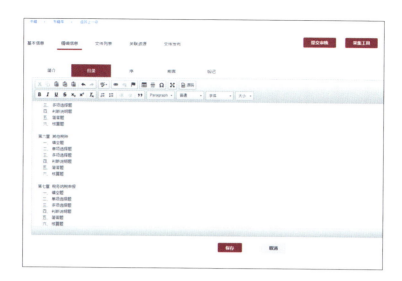

⑪ 图书待审核（检查基础信息、精编信息）；

⑫ 检查无误后发布电子书；

⑬ 电子书发布成功。

拓展练习

现在请仿照案例的图书属性标引操作，对其余素材进行图书属性标引，完成检验。

任务小结

1.每个出版社都有大量的书籍，而用户不知道如何在这庞大的图书资源中快速寻找出自己需要的图书，导致"信息迷失"现象。而个性化图书推荐系统通过对用户浏览、购买行为的统计分析，获取用户的兴趣特征，实现书找人的一对一个性化图书推荐。

2.可根据中图分类法中的词汇来描述用户的兴趣主题，解决兴趣的多义、同义问题。也可根据中图分类法将图书分为多个类别，建立图书类别与用户类别的关系，再进行推荐。

图书推荐算法

图书推荐算法是一种利用计算机技术为用户推荐图书的方法。它的核心目的是根据用户的历史行为、兴趣偏好以及图书的特征，帮助用户发现他们可能喜欢的图书，从而提高用户的阅读体验和图书的传播效率。主要包括以下几种：①基于数据挖掘的推荐，②基于模糊语言学的推荐，③协同过滤推荐，④基于内容的推荐，⑤基于云计算的推荐，⑥中图分类法推荐，⑦混合推荐。

在线课程题库设置

背景介绍

作为传统课堂教育的补充形式，远程教育为非在校生获取学习机会提供了重要的途径。在线课程的大规模建设是 21 世纪世界高等教育领域的重要趋势，借助于网络媒体的巨大影响力，优质教学资源得以高效利用。

与传统的课堂教学相比，在线教学可以极大地扩大教学规模，降低教学成本，因此具有教学资源、教学对象及教学时空的广泛性，为大众终身学习提供了可能。

任务描述

随着在线教育的普及，越来越多的人开始以一种全新的方式进行学习。由此一来，对应的用户需求随之而生。现在某公司准备开发一款名为《i 学》的在线课程教学 APP，结合移动学习课件、有声点读电子书、独立音视频、金课、慕课、微课等丰富形式，为广大师生提供丰富的学习内容。这款 APP 需要有一个重要的题库功能。

在本次的任务中，我们将学习在线教育的相关知识，掌握后台增加课程的方法，并掌握为课程设置题库的方法，能够运用这一方法正确设置试卷，从而实现《i 学》APP 中的题库功能，为用户带来在线教育新体验。

学习目标

1. 知识目标

（1）掌握课程分类的添加方法；

（2）掌握课程设置题库的方法；

（3）了解教材设置试卷的方法。

2. 技能目标

（1）能够正确添加课程分类；

（2）能为课程正确设置题库；

（3）能为教材内容匹配试卷。

任务分析

| 产品分析 |

《i学》APP 有三大板块设置。

1."首页"

该板块上方是"搜索栏"与"扫一扫"，帮助用户快速寻找特定内容，最右侧是消息按钮，用户单击可查看消息列表。下方是滚动的广告栏目，为用户推荐如《21世纪大学英语（S版）》系列等精

i学：首页

彩内容。微栏目，共有四个图标，分别对应"数字课程"、"音视频包"、"有声点读"、"四级题库"四个内容；后面是分类查找列表，按照"本科教育"、"职业教育"、"医学英语"等进行分类，帮助用户快速定位目标课程。

2."书架"

该板块能够显示用户的浏览历史，帮助用户方便快捷地找到之前的课程记录，继续未完成的内容。以课程封面组合的形式展现用户近期的浏览内容，统一的风格排列让用户一目了然。

i 学：书架

3."我的"

用户可以在这一板块进行个人设置。

i学：我的

| 知识准备 |

在线题库

在线题库是一种基于互联网技术构建的数字化学习资源库，用于存储、管理和提供各类试题资源，支持在线学习、练习和考试等功能。它通过网络平台实现试题的创建、编辑、存储、检索和使用，为学习者和教育者提供便捷高效的测评工具。

在线题库建设是现代教育技术的重要组成部分，旨在通过数字化手段为学习者和教育者提供高效、便捷的测评工具。其设计需遵循科学性、公平性、灵活性和用户体验至上的原则，以满足不同场景下的测评需求。功能模块涵盖用户管理、题库管理、试卷生成、在线练习与测试以及数据分析等，通过简洁直观的用户界面和响应式设计，确保在多种设备上都能提供良好的操作体验。

任务实施

1. 配套资源

《i 学》课程教材及对应试卷素材，阅门户平台账号

2. 添加课程分类

在阅门户后台的分类中新建"课程"

3. 为课程添加题库

① 添加一个题库，单击图标；

② 在题目库里新建一个子库后，添加题目。

4. 录入教材讲解部分并匹配试卷

① 把教材 PDF 内的讲解部分，录入图文类型题目中；

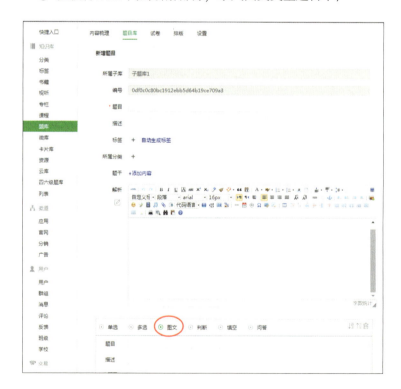

② 把 PDF 后面的选择题录入"单选"中，然后在"试卷"里新建试卷，把题目放进去；最后在"课程"中新建课程，放入试卷，将课程放入列表再放入应用中。

5. 进行检验

点击进入刚才设置好的教材，能够正确出现教材讲解部分所对应的试卷，为题库设置成功。

拓展练习

仿照之前的操作，完成教材剩余部分的题库设置，并进行检验。

任务小结

1. 在线题库是一种基于互联网技术构建的数字化学习资源库，用于存储、管理和提供各类试题资源，支持在线学习、练习和考试等功能。

2. 在线题库建设旨在通过数字化手段为学习者和教育者提供高效、便捷的测评工具。其设计需遵循科学性、公平性、灵活性和用户体验至上的原则。

在线课程发展面临的问题

随着在线教育时代的到来，愿意在线听网课、看电子书和视频的人越来越多。微信推送、各类教育APP、网站等途径多样，外语口语、音乐、美术、棋类、书法、逻辑思维、插花、化妆美容等内容丰富，线上课程受到许多消费者的欢迎。然而，由于在线教育品质良莠不齐，课程"含金量"难以保障等原因，掣肘了在线课程的良性发展。

1. 课程资源。网络上拥有海量的资源，超文本链接技术使得人们可以不受单一书本的限制，尽情畅游知识的海洋，满足自己的求知欲。但是，资源的质量存在鱼龙混杂的情况，而且很多缺乏专业、权威的认证和编辑，因此往往会误导学习者。因此，在线课程在进行制作的时候，应该保证教学使用的资料来源明确、内容专业翔实、案例经典有趣。与此同时，也要注意知识版权问题，对涉及他人研究成果的资源，应该标明来源，并与版权所有人沟通。

2. 课程教师。教育是一种严肃的活动，需要授课者具备专业的知识，娴熟的教学能力和有较强的责任心。现在很多做在线教育的机构，为了抢占市场，扩大教学范围，吸引更多的用户，对课程教师的选择和监督不力，无法保证教学过程的质量，结果浪费了用户的时间和金钱。因此，在线课程的制作，教师的选用也是很重要的。

3. 课程体系设置。传统的课程体系设置，是经过教育部门组织专家研讨，针对特定学习者的学习能力和情况，科学地确定学习目标、学习阶段、学习成果检验等完整的流程。这往往需要一段很长的时间，无法满足日益快速发展的社会中人们多样化的学习需求。在线教育机构为了盈利，抢占市场，往往将没有经过慎重规划的课程推出，制造噱头，利用人们渴求知识的心理，吸引用户付费参加。这种情况不利于在线课程的长期发展。

知识服务专栏制作

背景介绍

知识服务是指从各种显性和隐性知识资源中按照人们的需要有针对性地提炼知识和信息内容，搭建知识网络，为用户提出的问题提供知识内容或解决方案的信息服务过程，以专业知识内容和互联网信息进行搜索查询为基础，为用户提供有用的信息和知识。知识服务是一种新的网络应用理念，是对信息进行处理，通常经过信息采集，信息过滤，信息分类，信息摘要，精华萃取等处理过程；运用交互式方法为网络用户提供服务。

任务描述

　　某公司需要制作一款名为"享学云"的软件，这是一款包容海量印刷包装专业知识的云库，用户在"享学云"APP可以听课学习专业行业知识，"享学云"APP是企业实现员工知识培训与知识资产管理的工具。

　　在本次任务中，我们将利用已有的素材，在阅门户后台中进行专栏的制作，学习专栏的制作方法并能够通过检验。

学习目标

1. 知识目标

（1）理解知识服务业务的特性；

（2）了解知识服务产品的类型；

（3）掌握制作专栏的基本方法。

2. 技能目标

（1）能区分知识服务与传统信息服务；

（2）能够为出版产品进行专栏的制作；

（3）能够在上传操作后进行准确检验。

任务实施

| 产品分析 |

《享学云》APP 主要具备五大功能:

1. 听课: 行业知识大咖坐镇, 管理、生产、技术、产品、能力、视野, 六大学院, 系统模块化音频课程。

2. 听书: 筛选全行业知识, 浓缩成碎片化音频, 分分钟带你 Get 独家知识点。

3. 头条: 每天 5 分钟, 听尽行业要闻大事。

4. 技术: 品牌馆、工艺库, 技术锦囊, 尽在掌中。

5. 智库: 高浓度知识梳理, 快速听懂一个专题、一个领域。

享学云: 首页

1. 知识服务的特性

知识服务是以用户知识需求为导向，以各种显性、隐性知识资源的收集、分析为基础，对知识资源进行深层次加工与整合，进行知识产品的设计与开发，在用户问题解决过程中，满足用户知识需求，辅助用户决策，提供有针对性的知识应用，为用户创造高价值的服务。

2. 出版社知识服务业务特点

数字出版靠单个企业自身的力量无法适应发展的需要，海量的内容资源需要依托技术提供商与平台运营商，共同开展数字化业务。互联网企业与新兴技术的加入，使出版的界限逐渐变得模糊，作为主要知识服务主体的出版社开始在内容创新、跨界合作的道路上转型发展，知识服务主体趋向多元化。在这一环境下，知识服务活动由单一的出版单位内部完成，转变为多个企业协同合作完成，呈现出"大出版业"的态势。

① 出版社 + 技术企业

以互联网为代表的信息技术，使传统出版与新兴出版之间技术性进入壁垒逐渐消失，形成了共同的技术基础，为出版社知识服务升级提供条件。如石油工业出版社通过招投标优选外包技术服务团队搭建了石油大搜网、石油知识库；人民公安出版社与北大方正集团有限公司合作研发中国警察智识数据库；人民卫生出版集团与华域天府数字科技有限公司合作，针对医学用户的特殊知识需求与工作场景，开发了人卫3D系统解剖学等产品，创造沉浸式医学学习环境，从根本上突破教学硬件的条件限制。技术企业的加入、新兴技术的互融互渗，在出版创意、出版服务、出版发行上发挥出巨大作用，促进了出版业的产业链延伸。

② 出版社 + 平台企业

新兴出版诞生于互联网时代，拥有新颖、高效的产品发布、知识传播方式，以及广泛的用户群体。许多传统出版社与以新兴出版为主的平台企业合作，为内容资源开拓了新的承载空间与传播渠道。中南出版传媒集团、上海译文出版社等出版商在有声改编、IP孵化、版权保护等方面与喜马拉雅FM达成深度战略合作，共同拓展有声书领域。中信出版社、磨铁图书等进驻"知乎书店"，为知乎用户提供数字阅读服务。外语教学与研究出版社、华东师范大学出版社、复旦大学出版社借助"阅门户"全媒体融合出版公共云服务平台，打造了系列知识服务APP。知识服务主体的融合，使更多样的企业融入。

任务实施

1. 配套资源
文本素材、"阅门户"后台账号。

2. 制作专栏
① 点击添加专栏；

② 点击更改封面来上传封面，并填写专栏基本信息；

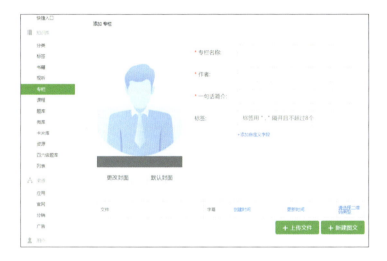

③ 通过新建图文编辑上传文章；

④ 在"详情"中填写专栏的简介；填选其他基本信息；

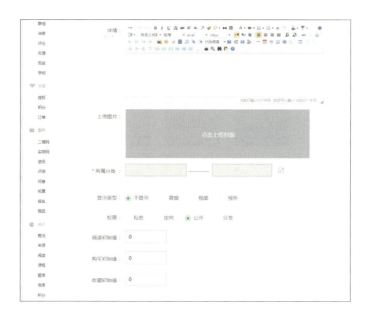

⑤ 点击确认，保存专栏；

⑥ 进入列表页面，点击添加列表，录入基本信息放入专栏内容；

⑦ 在应用的首页中添加专栏栏目；

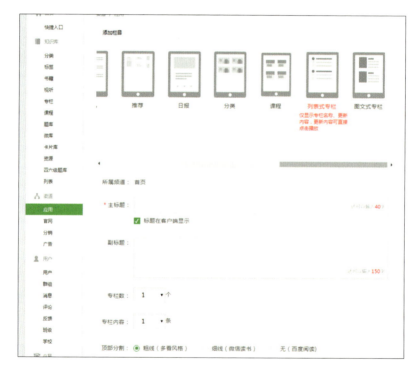

⑧ 添加放有专栏内容的列表；

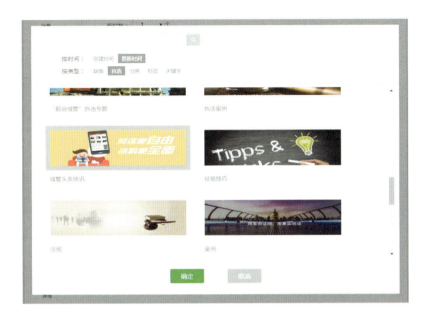

⑨ 点击"确定"保存即可。

拓展练习

参考《享学云》APP 案例，运用所学知识，制作以出版内容知识为主题的APP。

任务小结

1. 知识服务是以用户知识需求为导向，满足用户知识需求，辅助用户决策，提供有针对性的知识应用，为用户创造高价值的服务。

2. 当前应用较多的知识服务产品主要有五类：知识库与数据库产品、整体解决方案、移动客户端、虚拟现实与增强现实产品、网络课程。

▷ 知识链接

知识服务产品类型

知识服务是以用户知识需求为导向，以各种显性、隐性知识资源的收集、分析为基础，对知识资源进行深层次加工与整合，进行知识产品的设计与开发，在用户问题解决过程中，满足用户知识需求，辅助用户决策，提供有针对性的知识应用，为用户创造高价值的服务。当前应用较多的知识服务产品主要有五类：

① 知识库与数据库产品。如科学出版社的中国生物志库、人民卫生出版社的临床知识库，这类产品大多出自专业出版社，解决了图书篇章性、整体性知识内容不能便捷高效地为用户所用的弊端。

② 整体解决方案。如人民法院出版社的"法信"平台、社会科学文献出版社的学术科研平台，简化了用户获取、使用知识的流程，提高知识价值转化效率。

③ 移动客户端。如人民教育出版社的"人教口语"APP、中信出版社的"中信书院"APP，为用户提供不受时空限制的知识服务。

④ 虚拟现实与增强现实产品。如人民卫生出版社的人卫3D虚拟医学实验室、浙江少年儿童出版社的《孩子的科学》AR版丛书，优化了知识获取的体验感，帮助用户对知识内容深入理解。

⑤ 网络课程。如高等教育出版社的爱课程（iCourse）网站、人民卫生出版社的人卫慕课，是拥有权威、优质教育资源的教育出版社、专业出版社较为侧重的知识服务产品。

纸书配置资源使用

背景介绍

"现代纸书"是迎合移动互联网时代内容生产方式、满足读者多种需求且具有交互功能的纸质书。通过在传统纸质书刊上印二维码，在二维码中配套线上衍生内容资源与服务，引导读者在阅读纸质书刊的过程中，通过扫码付费享用深度阅读内容或其他增值服务。同时，系统可在读者扫码后迅速抓取读者数据、分析读者喜好，帮助出版单位持续为读者提供精准的知识和服务，形成新的消费模式。

任务描述

　　"现代纸书"提供的线上数字资源与服务，让文章、语音、视频、问答、直播等都可以成为纸书内容资源的展现方式。为了应对出版行业的新转变，某公司准备开发一款名为《帮你学》教育类 APP，实现线下纸质书的线上扫码衍生资源与服务功能。这款产品作为纸质书配套的 APP 资源，提供线上数字资源与服务，对纸书内容进行延伸和扩展。

　　在本次的任务中，我们将学习图书配套资源的相关知识，掌握数字化配套资源的制作方法，能够正确实现纸质图书的配套资源服务功能。

学习目标

1. 知识目标

（1）掌握新书籍的添加方法；

（2）了解图书配套资源服务；

（3）掌握将音视频二维码与书籍内容匹配的方法；

（4）掌握为音视频资源分类以及二维码提取方法。

2. 技能目标

（1）能够正确添加书籍并进行资源的分类上传；

（2）能正确提取音视频二维码与书籍内容匹配；

（3）能够在完成操作后正确进行检验。

任务分析

| 产品分析 |

《帮你学》APP有四大特色内容：

1. 数字资源专区。专区包含名师讲义、专题讲座等内容。目前收录了近三年"上海市各区中考一模、二模数学压轴题图文解析"，该资源由《挑战压轴题》作者马学斌老师提供，后续将会有更多资源上传。

帮你学：数字资源专区

2. 听力专区。收录了公司现有教辅类图书的英语听力资源。包括全新英语听力、全新英语阅读、一课一练、名校名卷、百题大过关、教材全解等。下载 APP，所有听力资源免费听。

帮你学：听力专区

3. 电子书专区。将公司一些精品的纸质图书的电子资源上线，方便读者学习使用。

帮你学：电子书专区

4. 资讯及学习方法专区。主要包括两块内容：

① 热门资讯：如中高考录取信息、自主招生相关信息等；

② 专家学习指导：如新高一备考如何衔接、学霸攻略等。

帮你学：资讯及学习方法专区

| 知识准备 |

在配套纸质教材图书的资源服务类手机应用中，编辑要从前期的策划阶段、中期的编辑加工阶段，直至后期的出版阶段对配套资源进行充分的把控。

1. 策划阶段。编辑在策划阶段面临的主要问题是如何根据图书内容合理设计配套资源。以外语类图书为例，由于配有大量的音频和视频资料，更适合采用移动端呈现。

2. 编辑阶段。对于具有配套资源的图书，编辑要求作者在将齐、清、定的稿件交给出版社时，就要提供所有的配套资源，以便编辑在审稿的同时对配套资源进行逐一审查。对配套资源的审查主要包括保证配套资源的准确性、保证配套资源的完整性、保证配套资源与成品书内容的一致性。

3. 出版阶段。图书出版后，在手机应用中留下办公咨询电话或者邮箱有助于编辑与读者的及时联系，应用后台可以对配套资源进行多次上传，可以修正配套资源后再次上传更新。

任务实施

1. 配套资源

《帮你学》APP 文本、音频素材，"阅门户"平台账号。

2. 添加书籍分类

（1）在阅门户后台的分类中新建"高中语法"和"eslpod"分类。

（2）将"高中语法"文件夹的视频以及"eslpod"文件夹的音频，按分类上传到"阅门户"后台。

（3）提取音视频二维码并进行匹配。

① 在视听中找到要放入书中的音频／视频；

② 进入编辑基本信息页面；

③ 点击"请选择二维码类型"，选"播放页"，出现二维码后点击"导出"；

④ 将该音频 / 视频二维码放到教材 PDF 的对应内容处。

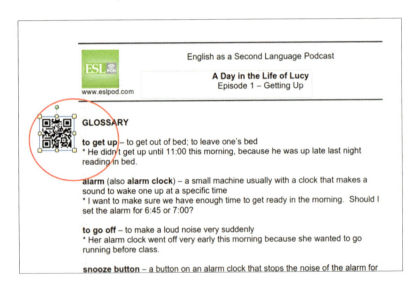

(4) 成果检验：用手机扫描教材上的二维码，正确出现配套的音视频并能进行播放。

拓展练习

仿照之前的操作，完成书籍剩余部分的配套资源设置任务，并进行检验。

任务小结

1.编辑要从前期的策划阶段、中期的编辑加工阶段，到后期的出版阶段对配套资源进行充分的把控。

2.《帮你学》APP 有四大特色内容：数字资源专区、听力专区、电子书专区、资讯及学习方法专区。

▷　知识链接

现代纸书

全媒体时代，在纸质图书和出版单位面临前所未有的挑战，但自身又缺乏清晰发展方向和盈利模式的情况下，一个全新体系——具有交互功能的"现代纸书"的出现，为出版业插上互联网的翅膀提供了机遇，为传统出版和新兴出版的融合提供了新的路径，更为出版行业的"互联网+"大数据发展提供了新的突破口。"现代纸书"最大的意义在于能够让每一位读者都意识到可以通过一本书刊或一篇文章产生交流行为。

如今，全国已有 200 多家新闻出版单位参与"现代纸书"的生产，包括人民日报社《环球时报》《环球人物》、北京少年儿童出版社、中国建筑工业出版社、安徽少年儿童出版社、华东师范大学出版社等，并打造了一大批具有交互功能的成功图书案例，实现了超过1.4亿元线上额外增收。

IV

项目四
融合出版产品制作

本章主要介绍融合出版产品制作案例。对融合出版产品进行制作，主要指在策划的基础上，对内容素材进行组织和加工，以创造新的内容产品。这一过程包括对内容的合理性和合法性进行审核，确保数字内容产品满足上线和传播的标准。

O2O 在线学习产品制作

背景介绍

近年来，二维码融合出版物迅速发展，受到了广泛的欢迎，越来越多的出版单位加入发展二维码融合出版物的行列。用户通过移动端扫读图书上的二维码，即可进入资源平台，满足获取知识、即时互动、休闲娱乐的阅读期待。

与传统的编码方式不同，二维码能够通过极小的面积表达大量的信息。随着不断的发展，二维码已经在电子商务、餐饮、旅游、教育等多个行业得到了广泛的应用。

微视频的出现，为教育提供了更多可能。微视频具有短、快、精等特点，符合碎片化学习与移动学习的要求，有助于提升学习资源利用率与学习者的学习效率。二维码与微视频有效结合，符合了 O2O 在线学习的特点，能够帮助承载更多的教学资源，是当前融合出版的热点之一。

任务描述

根据 O2O 在线学习产品策划与设计方案，完成制作任务，使得最终的产品通过检验能够实现目标功能。

学习目标

1. 知识目标

（1）说明通过二维码实现线上线下对接方法；

（2）简述如何通过微视频进行学习产品制作；

（3）说明"二维码 + 微视频"产品实现方法。

2. 技能目标

（1）能够正确标引知识点；

（2）能够正确生成二维码；

（3）能够实现二维码与纸质图书的对接；

（4）能够搭建基于"二维码 + 微视频"的 O2O 在线学习产品。

任务实施

1. 配套资源

《心意六合拳入门》图书与配套微视频素材、智慧树发布中心与阅门户账号。

2. 制作步骤

（1）根据制定的方案选择合适的入口进行嵌入

选择智慧树发布中心，登录智慧树发布中心。

（2）将素材上传至选定的平台，标引知识点

① 登录阅门户平台，点击视听菜单；

② 点击上传视听按钮；

③ 填写视听基本信息，选择阅读权限为公开，安全下载为默认，上传视频并保存。

（3）生成二维码

① 返回视听列表编辑视听；

② 填写基本信息，输入视听名称为"心意六合拳入门"，点击请选择二维码类型；

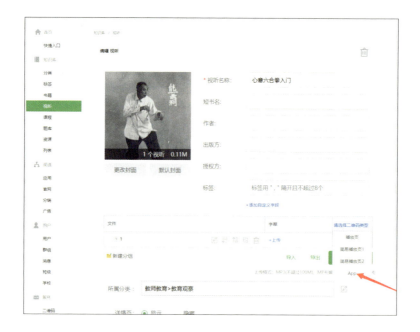

③ 在下拉菜单选择 APP，在弹出的窗口选择华狮小助手，并单击确定；

④ 二维码生成完成后点击导出按钮。

（4）二维码与纸质图书的对接

① 点击确定对视听信息进行保存；

② 如图所示添加完成；

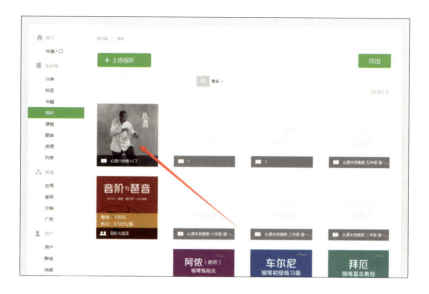

③ 将二维码添加至图书对应内容处，并进行印刷。

（5）对样书上的二维码进行扫码测试

① 使用手机微信的扫一扫功能，识别样书上的二维码；

② 使用浏览器打开页面。

拓展练习

根据策划方案搭建基于"二维码 + 微视频"的 O2O 在线学习产品《书链》APP，要求如下：

1. 根据制定的方案选择合适的入口进行嵌入；
2. 制作微视频；
3. 将微视频上传至选定的平台，标引知识点，生成可用的二维码；
4. 完成二维码与纸质图书的印刷对接；
5. 对样书上的二维码进行扫码测试，确认是否打开对应的微视频。

任务小结

进行 O2O 产品的制作时，需要记住前期准备好相应的素材，然后登录智慧树发布中心与阅门户进行操作。首先，根据制定的方案选择合适的入口进行嵌入，将素材上传至选定的平台，标引知识点；然后，生成二维码；最后，将二维码与纸质图书对接，并对样书上的二维码进行扫码测试。

▷　知识链接

二维码可以实现的功能

二维码服务是指以移动终端和移动互联网作为二维码的存储、解读、处理和传播渠道而产生的各种移动增值服务。根据手机终端承担存储二维码信息或是解读二维码信息的功能区别，通常又可将手机二维码服务分为手机被读类应用及手机主读类应用两大类。

手机被读类应用通常是以手机存储二维码作为电子交易或支付的凭证。典型应用包括电子票、电子优惠券、电子提货券、电子会员卡和支付凭证等。

手机主读类应用是将带有摄像头的手机作为识读二维码的工具，手机安装二维码识读客户端，客户端通过摄像头识读各种媒体上的二维码图像并进行本地解析，执行业务逻辑，还可能与应用服务器发生在线交互，进而实现各种复杂的功能。此类特征的典型应用如上网应用是客户端从二维码图像中读取 URL 地址，并自动发起到该地址的连接，获取资讯、广告或其他服务。

手机二维码可从信息服务、电子商务、行业应用三个方面拓展应用。手机二维码应用体系如图所示。

手机二维码应用体系

与信息服务结合	与电子商务结合	与行业结合
信息类应用	票券类应用	行业类应用
(1) 在线应用 **扫码上网**：通过二维码的解码直接获取WAP地址，通过手机直接连接到相应的WAP站点 **投票**：通过二维码的识别直接通过WAP完成投票的全过程 (2) 离线应用 **名片**：识别二维码完成对名片信息字段的组织、存储 **Logo**：直接读取企业Logo中附带的二维码，获取企业相关详细资讯 **黄页**：将企业相关信息抽象为二维码图案，节省空间	(1) 优惠券 通过二维码方式生成优惠券，用户只要将二维码存储在手机中，通过商家的识读设备即可进行解码，享受优惠折扣 (2) 代金券 类似于优惠券应用，但对于代金券，二维码防伪的优势可以得到发挥 (3) 演出票 包括各类演出、赛事、电影等，功能类似于上述应用 (4) 机票 可使用二维码进行自主值机，提升客户体验	(1) 车险应用 保险公司理赔员出险，安装二维码手机识别系统；将投保车辆保单信息通过二维码引擎生成二维码；投保车辆领印有二维码的保险贴，张贴于前挡处 (2) 物流应用 投递物状态跟踪 (3) 公交应用 后端运营平台与公交系统进行对接，公众可通过在车站拍摄二维码实时了解公交车到站的相关信息

任务二

「期刊类」融合产品制作

背景介绍

曾经，如报纸、杂志一类的纸质出版物是人们阅读的首选方式。传统的纸质期刊出版物为读者带来了良好的用户体验，在不断的发展中满足读者的阅读需求。随着网络信息时代的发展，互联网技术为人们提供了便利的信息传递与流通方式，更带来了精准化的信息传播。各种依托于互联网的新媒体设备，正逐渐改变着读者们的阅读方式。

新媒体能够为读者呈现形式丰富的阅读内容，读者可以通过多媒体设备在线阅读或者下载内容。这些多种多样的呈现方式、便利的阅读条件，为读者提供了良好的阅读氛围，也为传统期刊的发展带来了挑战。在新媒体环境下，期刊类融合产品的出现是传统期刊生存与发展的突破口。

任务描述

根据期刊类融合产品的策划方案，完成制作任务，使得最终的产品能够实现目标功能。

学习目标

1. 知识目标

（1）了解流式排版与版式排版的特点；

（2）简述期刊类融合产品的实现方法。

2. 技能目标

（1）能够正确上传书籍；

（2）能够正确添加列表；

（3）能够正确添加应用；

（4）能够搭建期刊融合产品。

任务实施

1. 配套资源

2019 年、2020 年《故事会》期刊电子版内容、阅门户平台账号。

2. 制作步骤

通过制作《故事会》APP，学习期刊类融合产品的搭建方法。

（1）上传书籍

① 打开阅门户平台，输入用户名和密码，进行登录；

② 点击分类按钮，添加期刊素材分类，创建《2019年期刊》；

③ 点击书籍按钮，再点击上传书籍按钮，进行添加书籍操作；

④ 选择阅读权限为公开，选择分类中的《2019 年期刊》进行勾选；

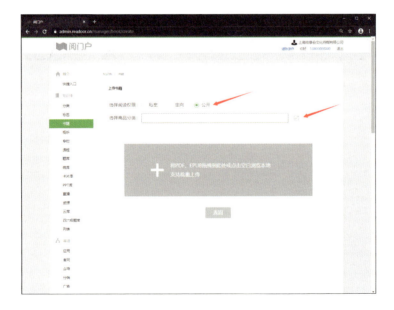

⑤ 选择分类为"6月"，单击确定按钮；

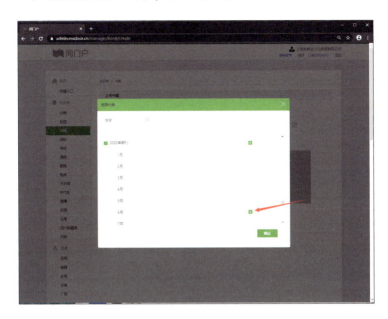

⑥ 将 2019 年《故事会》电子版拖动至图中位置或点击按钮选定资源，进行上传；

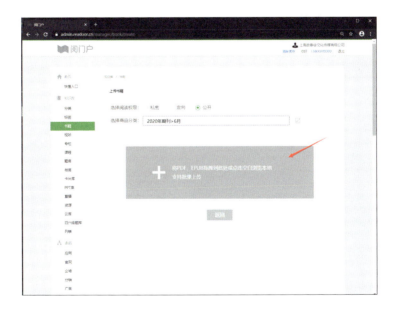

⑦ 上传完毕，点击返回按钮，即可查看到已创建的书籍信息。

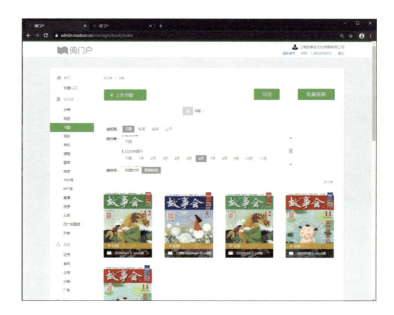

（2）添加列表

① 点击添加列表按钮；

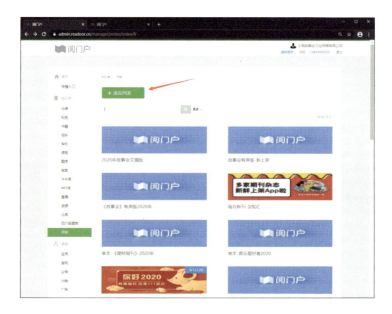

② 编辑列表信息，其中列表名称和列表简介为必填项，输入列表名称为"2020年-红绿版-pdf单本购买"，列表简介为"2020年-红绿版-pdf单本购买"，可选择列表商品类型为书籍视听列表；

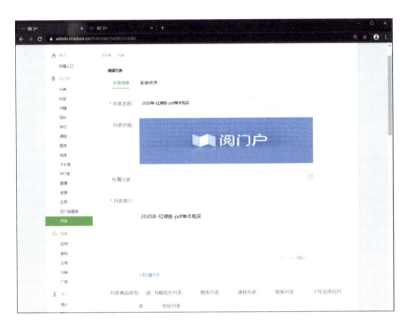

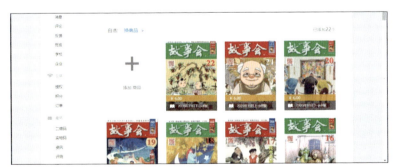

③ 编辑书籍详细信息，其中书籍名称为必填项，输入书籍名称为"2020年6月下-epub版"，可填写短书名为"6月下-epub版"，作者为"《故事会》编辑部"，出版方和授权方为"上海故事会

文化传媒有限公司"，所属分类为"2020年期刊＞6月"。

（3）添加应用

① 点击添加应用按钮，开始应用创建；

② 勾选应用需要的频道：故事会、杂知汇、书架、我的；

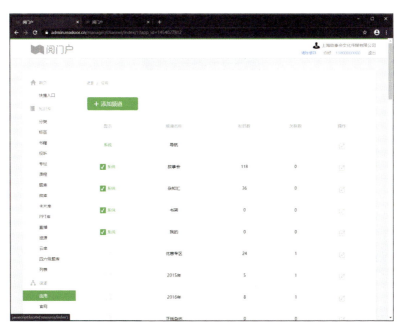

（4）发布 APP 并进行测试

发布应用，下载安装后，依次打开"首页"、"杂知汇"、"书架"、"我的"板块，对照下图检验 APP 是否符合任务要求。

①"首页"包含搜索栏（导航栏）、轮播图、标签导航、最新消息与内容推荐；

②"杂知汇"包含搜索栏、轮播图、标签导航、新刊上架、读物推荐；

③"书架"包含阅读记录；

④"我的"包含消息、购买记录、余额、激活码、我的服务、学习积分、我的反馈等。

拓展练习

根据已经设计好的策划与设计方案搭建期刊类融合产品《Vista看天下》，要求如下：

1.根据策划与设计制定的方案进行程序版面设计及产品框架、按钮等设计；

2.整理期刊文章，进行上传、归类；

3.根据期刊的特点设置定价策略；

4.对产品进行调试并最终发布。

任务小结

进行期刊类融合产品的制作时，需要在前期准备好相应的期刊电子素材，然后登录阅门户进行应用的制作。首先，创建分类，上传素材；然后，添加列表，编辑列表和书籍详细信息；最后，创建应用，设置频道和栏目，并对 APP 进行测试。

▷　知识链接

1. 流式排版

流式排版是以特定的排版方式，对包含的文字、数字、表格和图形进行操作，使得保存后的内容是原始的编辑元素。通过 PDF 阅读软件，可以在电脑端上对编辑后的排版风格进行查看，还可以在不同的缩放比率间自适应版面大小显示。

2. 版式排版

版式排版相较于流式排版而言，其版面更加固定。在阅读的过程中，内容始终以原始的编辑版式显示，即使在缩放之后也不会进行重新排版。比如由扫描得到的初始图片稿件制成的 PDF 便是版式排版。

「知识服务类」产品制作

背景介绍

互联网技术的发展不仅推动了知识传播路径的改变，还带来了知识生产和获取方式的改变。互联网改变了人们的阅读习惯，"碎片化"阅读之风正在兴起。在场景化、伴随化的阅读需求下，"泛阅读"等读书方式已经成为社会阅读的一种趋势。人们更倾向于花尽量少的时间和精力获得有效的信息。

互联网背景下的知识传播独具优势。互联网知识付费平台的发展，让多元化的知识服务模式应运而生。2016 年被称为"知识付费元年"，由著名财经作家吴晓波推出的付费知识型音频节目"每天听见吴晓波"上线，受到了大批用户的欢迎。知识产品、知识付费平台的火爆让行业内看到互联网背景下的知识传播、知识服务所拥有的广阔市场空间的同时，也让人们意识到知识的获取竟然如此简单。

任务描述

根据"知识服务类"产品策划与设计方案，完成制作任务，使得最终的产品通过检验能够实现目标功能。

学习目标

1. 知识目标

（1）简述知识服务提供的内容产品的特点；

（2）说明"知识服务类"产品的实现方法。

2. 技能目标

（1）能够正确上传视听；

（2）能够正确编辑信息；

（3）能够正确创建列表；

（4）能够正确添加应用；

（5）能够搭建"知识服务类"产品。

任务实施

1. 配套资源

社区英语微课视频、阅门户平台账号。

2. 制作步骤

通过制作《徐汇汇课》APP，学习"知识服务类"产品搭建方法。

（1）上传视听

① 打开阅门户平台，输入用户名和密码，进行登录；

② 点击分类按钮，添加素材分类社区英语微课视频；

③ 点击视听按钮，再点击上传视听，选择阅读权限为公开，选择商品分类为"社区英语微课视频"并上传文件；

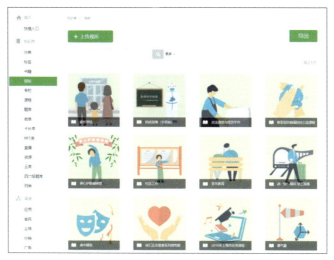

④ 编辑视听，输入视听名称为"家长学校"并保存。

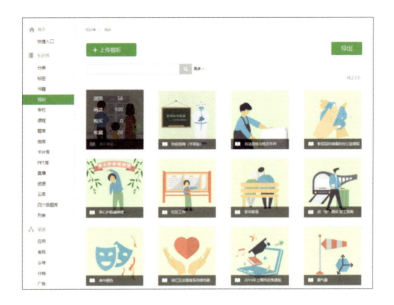

（2）添加列表

① 点击添加列表按钮；

② 编辑列表信息，输入列表名称与列表简介为"精品微课"。

（3）添加应用

① 点击应用，再点击添加应用按钮；

② 勾选应用需要的频道：推荐、网点、足迹、我的；

③ 为频道添加需要的栏目：大栏目、小栏目、资讯、微栏目、推荐。

（4）发布 APP 并进行测试

发布应用，下载安装后，依次打开"推荐"、"网点"、"足迹"、"我的"板块，对照下图检验 APP 是否符合任务要求。

①"首页"包含搜索栏（导航栏）、轮播图、标签导航、资讯信息、标签列表、内容推荐；

②"网点"包含搜索栏、标签列表；

③"足迹"包含阅读记录；

④"我的"包含消息、我的服务、激活码、购买记录、学习报表、设置。

根据策划与设计方案搭建"知识服务类"产品 APP，要求如下：

1. 根据策划与设计制定的方案进行程序版面设计以及产品框架设计；

2. 建构知识服务体系，标引知识图谱；

3. 将产品内的知识服务进行关联；

4. 对产品进行调试并最终发布。

任务小结

进行"知识服务类"产品的制作时，需要准备好相应的素材，然后登录阅门户进行应用的制作。首先，上传视听素材；然后，添加列表，编辑列表和视听详细信息；最后，创建应用，设置频道和栏目，并对 APP 进行测试。

▷ 知识链接

知识服务提供的内容产品的特点

知识服务提供的内容产品具有以下特点：它们通常是个性化和定制化的，能够根据用户的需求、兴趣和背景提供精准匹配的内容；同时，这些内容强调高质量和权威性，经过严格筛选与审核，确保信息的准确性和可靠性。此外，内容产品具备动态更新与时效性，能够及时反映最新的研究成果和行业动态；形式上则呈现多形式与多媒体化，结合文字、图片、音频、视频等多种媒体，满足不同用户的偏好和学习方式。它们还注重交互性与参与性，允许用户通过提问、评论等方式参与互动，增强学习效果。内容的组织通常具有系统性与结构化，便于用户系统地学习和掌握知识，同时具备可扩展性与灵活性，能够根据用户需求进行调整和扩展，以适应多样化的应用场景。

项目四

任务四

「数字阅读类」产品制作

背景介绍

阅读是一种重要的人类文化行为，媒体技术和设备的发展一直在影响和改变着人类的阅读方式。从阅读载体来看，人类在经历了甲骨、石头、金属、竹简、绢布上阅读的历史后，造纸术的出现，相对稳定地选择纸张上的阅读已有了2000多年的时间。

在近代，随着电子科技以及网络和移动通信技术的发展，人类开始进入读屏的时代，电脑屏、电视屏、手机屏、平板屏，我们正处在纸版书阅读和电子书阅读时代更替的过渡中，而现状及各种调查结果显著地表明电子阅读作为一种趋势已势不可挡。

任务描述

　　根据数字阅读 APP 产品的策划方案，完成制作任务，使得最终的产品能够实现目标功能。

学习目标

1. 知识目标

（1）概述常见的电子书格式；

（2）简述专栏格式设置方法；

（3）说明数字阅读类产品的实现方法。

2. 技能目标

（1）能够正确上传书籍；

（2）能够正确添加列表；

（3）能够正确添加应用；

（4）能够搭建数字阅读类 APP。

任务实施

1. 配套资源

《查医生援鄂日记》数字阅读素材、阅门户平台账号。

2. 制作步骤

通过制作《慕知阅读》APP，学习数字阅读类融合产品搭建方法。

（1）上传书籍

① 选择阅门户平台，进行登录；

② 点击分类按钮，添加素材分类"电子图书"，并设置子分类经济管理、人文社科、理工医学、职场发展、教育艺术、学术专辑、书籍宣传、交大教材、词典工具；

③ 点击书籍按钮，再点击上传书籍按钮，进行添加书籍操作；

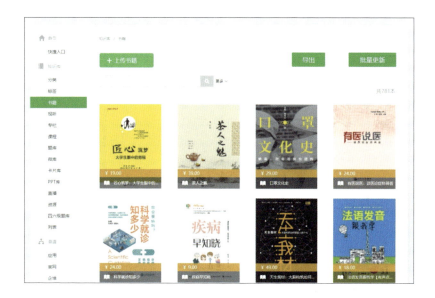

④ 选择阅读权限为公开，选择商品分类，并上传素材；

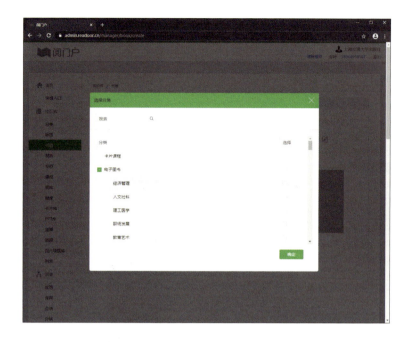

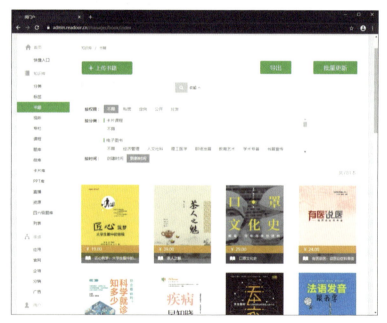

⑤ 上传完毕，点击返回按钮。

（2）添加列表

① 点击列表按钮，再点击添加列表按钮，进行添加列表操作；

② 编辑列表信息，其中列表名称与列表简介为必填项，输入列表名称为"查医生援鄂日记【视听资源】"，列表简介为"查医生援鄂日记【视听资源】"，可选择列表商品类型【书籍视听列表】。

（3）添加应用

① 点击应用，再点击添加应用按钮，进行添加应用操作；

② 勾选应用需要的频道：首页、分类、书架、我的；

③ 为首页频道添加需要的栏目：大栏目、小栏目、推荐、腰封、微栏目。

（4）发布 APP 并进行测试

发布应用，下载安装后，依次打开"首页"、"分类"、"书架"、"我的"板块，对照下图检验 APP 是否符合任务要求。

①"首页"包含搜索栏（导航栏）、轮播图、标签导航、内容推荐；

②"分类"包含搜索栏、标签导航；

③"书架"包含阅读记录；

④"我的"包含消息、我的服务、激活码、购买记录、我的反馈、设置。

拓展练习

根据已经设计好的《网易蜗牛读书》APP策划与设计方案搭建数字阅读类APP产品，要求如下：

1. 根据策划方案设计程序版面和产品框架；
2. 制作电子书，并进行上传，归类；
3. 根据用户习惯进行用户交互设计；
4. 对产品进行调试并最终发布。

任务小结

进行数字阅读类APP产品的制作时，需要记住前期准备好相应的素材，然后登录阅门户进行应用的制作。首先，创建分类，上传素材；然后，添加列表，编辑列表和详细信息；最后，创建应用，设置频道和栏目，并对APP进行测试。

▷ 知识链接

常见的电子书格式

（1）PDF格式

最常见的电子书格式之一。PDF格式的电子书在网上找起来非常容易，很多学术资料只有PDF格式的，而且几乎所有的平台都支持PDF，图表，插图，内嵌字体等各种各样的复杂排版对于 PDF 来说都不在话下，它还可以保持纸书原有的样貌，这让 PDF 成了一个比较主流的电子书格式。适合用于复杂排版的电子刊物，创建和排版的软件专业度和功能性都很强。

（2）TXT 格式

最常见的一种文件格式，主要存文本信息，即为文字信息，现在的操作系统大多使用记事本等程序保存，大多数软件可以查看，如记事本，浏览器等。体积小，适用于绝大多数设备，但是不支持分章节、不支持图片、不支持封面、不支持超链接。

（3）EPUB 格式

EPUB 格式电子书最大的特点就是通用性强，是目前支持阅读软件最多的电子书（比如浏览器、基本除了 Kindle APP 以外的所有阅读 APP 都支持）。除此之外，EPUB 格式对于复杂的排版、图表、公式等元素的兼容都较好。目前 EPUB 格式的优势主要体现在图文混排、图片嵌入字体上，未来可预测的优势是 EPUB 格式将会支持声音、影像等多媒体内容。

（4）MOBI 格式

MOBI 格式是一种广泛流行于网络的电子书格式，和 EPUB 相比几乎是一样的但体积稍微大一点点。它是亚马逊专用阅读电子书格式，一般可以使用 Kindle 或 Mobipocket reader 打开。

任务五

专业数据库类产品制作

背景介绍

数据库出版作为一种集成式出版业态，主要以集聚海量出版内容为其产品和服务基础。准确地来讲，数据库出版是数字出版的一种，是传统出版和新兴出版的融合模式。数据库将零散的信息、知识和经验加以整理汇编，通过高效、快速的检索方法，使人们可以更加便捷地使用这些信息资源。

数据库出版不仅仅限于文本内容，它的出版内容领地还延伸到了图像和音、视频领域。数据库出版拓展了以数字、字母、文字等文本数据为基础的出版领域，拓宽了出版的内容形式，此外，建立在即时采集数据信息基础上的大数据库，为内容、信息提供商提供了充分的服务想象空间。毫无疑问，数据库将出版的边界拓展到了新的方向和境地。

根据"专业数据库类"产品策划方案，完成制作任务，使得最终的产品通过检验能够实现目标功能。

学习目标

1. 知识目标

（1）简述常用分类、检索方法及实现形式；

（2）简述专业数据库相关词条的关联方式；

（3）简述多媒体内容相关词条的关联方式；

（4）说明"专业数据库类"产品实现方法。

2. 技能目标

（1）能够正确新建体系；

（2）能够正确编辑素材；

（3）能够正确上传文件；

（4）能够正确关联资源；

（5）能够搭建"专业数据库类"产品。

任务实施

1. 配套资源

《中国内地的农村》数据库素材、管理平台账号。

2. 制作步骤

学习如何在数据库中上传与归类数据。

（1）登录数据库管理平台；

（2）在分类管理中，点击新建体系，选择所属功能为数据库；

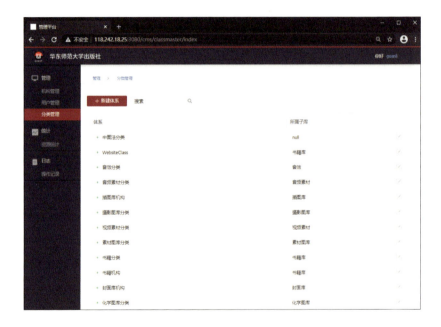

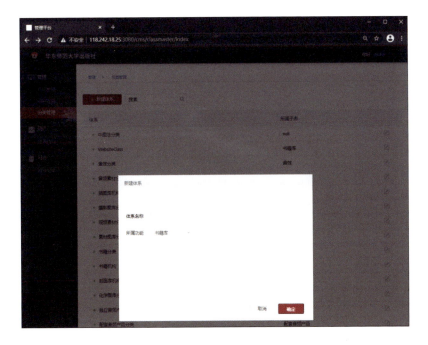

（3）对素材信息进行编辑，选择所属分类为社会科学；

（4）上传素材文件；

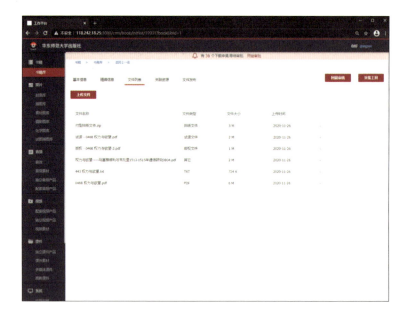

（5）关联相关资源：封面与条目。

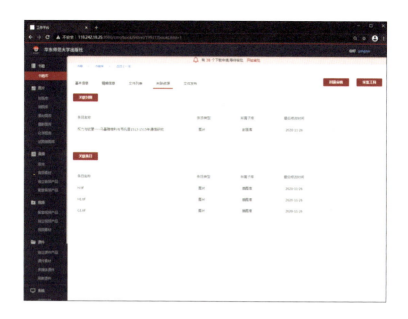

拓展练习

根据策划方案搭建"专业数据库类"产品《万方数据》APP，要求如下：

1. 根据策划与设计制定的方案进行专业数据库界面设计；
2. 设置数据库的栏目和分类；
3. 准备入库的基础内容，完成分类标引；
4. 建构初步数据库，对产品进行调试并最终发布。

任务小结

进行"专业数据库类"产品的制作时，需要记住前期准备好相应的素材，然后登录数据库平台。首先，新建体系；然后，对素材信息进行编辑并上传素材；最后，关联相关资源。

常用分类、检索方法及实现形式

常见数据库有期刊数据库、图书数据库、学位论文数据库、报纸数据库、会议文献数据库、专利文献数据库、图片数据库、影像数据库等。不同类型的数据库的技术水平和功能差异较大，但都应具备以下一些基本的功能特征：汇聚海量内容、知识资源深度结构化标引、内容评审与检测、内容出版企业信任评价及准入机制、内容协同数字编辑和加工过程的跟踪管理、内容产品的多形态发布、产品的投送和多渠道营销功能、电子商务功能、智能搜索功能、数据挖掘和数据分析功能、客户关系管理、数据统计分析、版权保护、内容资产安全管理等。

数据库可以从存储和访问、资源类型等不同角度进行分类。首先，从存储和访问的角度划分，一种是存放于联机检索系统中的全文数据库，另一种是基于云技术的在线数据库。随着互联网的普及和应用，在线数据库已成为主体，但由于用户保密、考核等特殊需求，联机或单机形式的数据库仍有很大的市场需求。因此，绝大多数的数据库提供商开发的数据库都可以兼容和满足上述两种不同的存储和访问需求。其次，从资源类型角度划分，可以分为电子书库、工具书库/条目库、电子期刊/报刊库、图片库、视频库、音频库以及综合型数据库等。随着用户需求的不断提升，出版方越发重视一站式服务，因此越来越多的数据库逐渐发展为集合各种资源的综合型数据库。

（1）基于内容的检索

基于内容的检索是多媒体数据库信息检索中的一门新兴技术。它是指从多媒体数据库中直接取出对象的语义、特征（如图像的颜色、纹理、形状；视频中的镜头、场景，镜头的运动；声音的音色、音调、响度等），然后根据这些线索从大量存储在数据库中的媒体进行查找，检索出具有相似特性的媒体数据库。

（2）聚类检索

聚类检索是在对文献进行自动标引的基础上，通过一定的聚类方法，计算出文献与文献之间的相似度，并把相似度较高的文献集中在一起，形成一个个的文献类的检索技术。它极大缓解了相关人员手工分类的繁琐。

（3）自然语言检索

即用自然语言中的字、词或者整个句子作为检索提问来检索。随着信息传递的网络化，为发挥各专题数据库的实用效果，联网已是大势所趋。而网上专题数据库跟以前的传统专题数据库在检索上有很大区别。首先，用户群不一样，传统的专题数据库的用户群是小范围的，比较固定，容易受训且对数据库较为熟悉；而网上用户的范围较大，对专题数据库不熟悉且不易受训。其次，检索方法不一样，传统的数据库检索是用户提出检索要求，由经过训练的情报人员根据用户要求拟定检索策略，使之变成受控的检索语言；而网上的检索者是自己上网检索，没有经过专业培训，多用自然语言进行检索。因此，让网上用户使用规范化语言检索网上数据库，或把用户有可能使用的自然语言转化成可供检索的语言进行检索才能大大提高查准率和查全率。

项目五
融合出版产品营销

本章主要介绍融合出版产品的营销案例。融合出版产品营销，主要是指融合出版产品在前期设计、制作完毕，正式上线后，对产品进行宣传推广，吸引更多用户使用的工作。

任务一

会员制运营

背景介绍

如今，出版业跟所有行业一样面临获客成本越来越高，增量用户越来越少的局面。对于出版机构特别是品牌辨识度、美誉度较高的机构来说，它能够帮助其筛选出高质量、高黏性、高品牌认可度的核心用户，既是外部渠道分化下的大势所趋，也是加固"品牌资产"的一条很好途径。

如今，会员制是企业维系稳定客户的重要方式，以优惠活动来吸引用户流量。加入组织的用户称为会员，组织与会员之间的关系以会员卡或者会员图标来体现，会员卡或者会员图标是平台会员在使用平台时享受优惠或专属服务的身份标志。知识社区的会员服务可以提供更多的学习网课资源，人们会愿意为了会员服务主动去支付一定的费用，随着居民的人均可支配收入飞速增长，居民基本生活需求消费比例正逐步降低，对发展型精神产品消费需求较高，内容付费市场潜力空间巨大。会员制不仅可以激励用户持续消费，增加用户黏性，延长用户生命周期价值，还能在一定程度上提升品牌价值。

任务描述

　　某公司需要为华东师范大学出版社打造会员制营销方案。通过会员制，华东师范大学出版社的会员可以获得入会礼包、会员优惠、积分兑换、免费申领及会员专属权益。请在调研分析同类产品营销特点的基础上，完成该会员制营销方案。

学习目标

1. 知识目标

（1）了解会员制的特点；

（2）简述会员制营销的概念；

（3）理解会员制运营的要点；

（4）说明基于社群的产品运营的特点；

（5）了解出版单位知识付费领域做法。

2. 技能目标

（1）能够调研分析会员制营销特点；

（2）能够进行产品总体分析，确定产品定位；

（3）能够进行用户数据分析与建立用户画像；

（4）能够进行用户需求分析，确定用户定位；

（5）能够根据产品特点制定会员制营销策划方案。

任务分析

| 产品分析 |

（一）广西师大出版社会员家

广西师大出版社会员家 2017 年 4 月 25 日上线，借助于独立的微信公众号进行运营。

（1）用户定位

用户定位为购买力较强、读书兴趣较强的粉丝。

（2）会员制特点

会员家分普通会员和超级会员。普通会员福利包括不定期抽奖福利，秒杀活动，以及线上名家分享活动，读书活动，书评活动。超级会员年费 99 元，一年所获取的福利价值超过 99 元。超级会员享 VIP 福利包括入会礼、购书优惠、一对一客服、出版社各类活动及福利优先享有、专属文创、专属抽奖、专属抢红包、年终礼、每月邮寄出版社精美书目、专享好书特价专场等。图书签名本、钤印本、上款本专供会员群，会员群的会员能第一时间获得出版社这些消息。

目前，市场部读者服务中心在运营会员家，会员管理员以"大管家"身份管理所有会员，想进入普通会员群，添加"大管家"微信就行。并且没有启用企业微信，机器人之类的机械回复。

（二）读库会员

读库订阅模式，是最原始的会员制雏形。2019 年 8 月，读库官网会员迁移，读库天猫旗舰店、读库有赞店各自汇流，形成总的会员体系。

（1）用户定位

由于读库的书很少打折，受众较小，因此会员主要是粉丝。

（2）会员制特点

读者可以根据购书消费额度从普通会员逐步升级为高级会员、VIP 会员。普通会员的入会几乎没有门槛。高级会员则需要在店铺内消费满足 500 元，后续就能享受读库购书 9.5 折的优惠。VIP 会

员的消费额度是 1000 元，可享受 9 折购书优惠。累积积分则可参加每月月初的会员兑换活动，兑换物品主要集中于日历系列，比如"鼓瑟吹笙月历"、"十二属图月历"等。会员最大的福利体现在购书折扣上，其他服务并不多。读库会员按成长值晋升等级。500 点为 VIP2，1000 点为 VIP3。每消费一元累积一点成长值，每日签到累积一分成长值。

| 知识准备 |

(一) 会员制营销

会员制是建立在供给过剩，用户需要降低决策成本的前提下诞生的机制。会员制就是企业将消费者组成一个合作团体，围绕着某个利益或者专属活动为主题，进行一系列宣传活动，其目的是针对购买会员的用户，平台利用各种促销活动，使得平台与会员建立起良好的关系或者提供给会员专属的优惠等，提升并保持他们对平台的忠诚度。会员制营销是指企业以某项利益或服务为主题将用户组成一个俱乐部形式的团体，通过提供适合会员需要的差别化服务和精准的营销，开展宣传、销售、促销等活动，培养企业的忠诚顾客，以此获得经营利益。

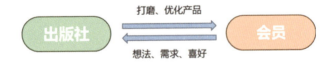

(二) 会员制的特点

会员制的主要特点有以下三点：

其一，产品力。产品要足够具有吸引力，能打造出满足会员预期的优质产品。

其二，服务力。产品能够提供超越预期的服务，考验的是全流程的运营能力。

其三，品牌力。人格化的品牌、稳定的品牌价值输出、找到志同道合的用户。

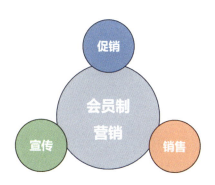

这三个特点说明组织者对消费者的需求要能够深刻洞察以及着眼于细节。

（三）会员制策划要点

1. 用户定位

用户定位可以帮助运营人员快速找到精准的用户群体、建立目标用户画像，从而将产品与用户需求完美地结合在一起，实现长期运营、精准营销的目的。下面从用户数据分析、建立用户画像、用户需求分析三个方面介绍如何进行用户定位问题。

（1）用户数据分析

用户数据分析就是对用户的基础数据、行为数据进行全面解读。通过对用户的数据分析可以更全面地了解目标用户的具体情况。

① 用户基础数据分析

做用户基础数据分析的目的是了解用户是谁，有哪些特征。一般需要了解的用户基础数据如下图所示。

② 用户行为数据分析

用户行为数据包含购买频率、购物偏好、购买数量、访问时长、搜索信息、使用行为等。简单地说,通过用户行为数据分析了解用户在平台上做什么、喜欢什么。

(2) 建立用户画像

建立用户画像就是给用户"贴标签"的过程,把用户基础数据及行为数据结合在一起,从而得出用户画像的初步模型。标签大体可分为人口特征、兴趣特征、社会特征、消费特征、地域特征五类。

运营人员根据使用习惯，将这些标签"贴"到用户身上，可以得到简单的用户画像图谱，如上图所示。将多个简易用户画像图谱集合到一起，从中筛选出用户的共性特征，再进行提炼浓缩就可以获得一份具有营销参考意义的用户画像。

（3）用户需求分析

对于运营人员来说，精准地挖掘和把握用户需求是至关重要的，因此数据分析必不可少，而对于用户需求数据的收集与分析可以从四个方面展开，如下表所示。

1 搜索法
工具：用"5188"大数据——关键词需求图谱；通过分析词频放射图进一步分析用户需求；通过分析疑问词关联进一步挖掘用户需求；关键词：为什么、如何、多久、多少、怎么样

2 研究报告法
渠道：艾瑞咨询-艾瑞网、199IT互联网数据中心、数据新知-易观（易观智库）、移动观象台、国金证券研究所、中金研报

3 竞品分析法
对标企业、品牌、账号等

4 访谈、问卷法
街头采访、填写调查、问卷等

这4种获取与分析用户需求的方法，需要运营人员根据实际情况灵活选择应用。

2. 用户留存

随着互联网人口红利逐渐衰退，公域流量获取用户的成本在不断增加，市场已经由原来的"增量竞争"逐渐转变为"存量竞争"，各大品牌、企业纷纷重视用户留存，因为新用户的留存可以节省获客成本。用户从看到产品到开始使用产品的转变可以称为有效留存。以短视频为例，用户看到视频，对视频进行了观看、点赞、评论、转发、关注等行为，就是有效留存。想要提高用户留存率，可以从

五个方面开展运营工作。

（1）精细化的用户运营

精细化用户运营的核心在于细化用户来源，针对不同渠道的用户做差异化运营，不断筛选出更好的用户渠道来源，获取更优质的流量。上文已简单阐述了用户的来源途径，一般来说用户来源有两大类，一是投放渠道，二是拉新活动，针对这两类用户采取的留存策略有所区别。

相比于拉新活动来的用户，由投放渠道获取的用户更为精准，他们的目的性更强，需要重点运营与维护。而由拉新而来的用户则没那么精准，他们目的性不强，运营人员需进行引导，建立筛选机制，寻找到意向用户后进行精细化运营。

（2）优化产品购买流程

想要提升用户留存率，就需要将获取到的用户进行更高效的转化，如果在产品购买的过程中，用户每多做一步操作，放弃购买行为的概率就会变大，用户留存率就会下降。例如，一种产品购买流程是用户扫码即可直接领取优惠券并进行支付，另种则是用户扫码之后要添加微信公众号，回复关键词领取优惠券之后再进行支付，显然后者会使用户的留存率降低，因为用户操作步骤较多，可能他们在进行到某一步时就失去了兴趣，从而造成用户流失。因此，要优化产品购买流程，排除一切烦琐操作，提升转化率。

（3）设置活动激励

有吸引力的活动，不仅有利于用户留存，也便于后期用户的转化。如新人红包、优惠券、免费领赠品、免费试用、限量低价等活动，这些活动能使用户获益，可以很好地吸引用户持续留存。

（4）提供优质服务

只有给用户提供优质服务，才能提高用户的满意度，用户才会有持续的消费意愿。因此需要将最优的服务、最优的内容、最好的产品卖点呈现给用户。需要区分的是，运营人员虽然要像客服一样帮助用户解决问题，使用户满意，但并不等同于客服，更多的是要挖掘用户深层次的需求，提高用户对产品的满意度，并且从用户生命周期管理的角度出发，提升用户的价值。

（5）提高用户参与度

用户的参与度越高，留存率就会越高。

3. 用户促活

只是把用户留存在平台上的作用并不是很大，只有让用户在平台上活跃起来，才能够为平台创造价值，给平台带来收益。而用户促活就是提高用户的活跃度，这是每一家企业都要做的重要运营工作，因为维护老用户所需的成本远远小于成交一个新用户。用户促活的运营工作可以从内容促活与活动促活两方面展开。

（1）内容促活

互联网时代是"内容为王"。平台内容只要能为用户提供价值，用户就愿意传播分享，因而在一定程度上就会提升用户的活跃度。内容促活分为两个方面——垂直内容和优质内容。

① 垂直内容

可以根据目标用户的标签属性进行垂直内容的创作和推送。例如美柚 APP，针对孕期妈妈建立了不同的圈子（社群、QQ 群），在不同圈子里可获得不同的内容推送，如右图所示。

② 优质内容

只有产出更多优质原创内容，平台、圈子等的独特性才更强，用户才愿意不断地保持活跃度。因此，各大平台相继推出支持、保护优质原创内容的计划，如抖音的"原创者联盟计划"。同时想要最大限度地促活用户，发布的内容至少要覆盖几十家媒体、四五家平台，因此，运营人员需要不断推出新的、优质的内容，并进行多渠道分发。

（2）活动促活

活动促活，则是通过一系列的活动唤醒用户，这是用户促活的另一种方式。

① 签到打卡

大部分平台、圈子都会设置签到打卡领福利的活动。这虽然是一种老方法，但也是效果较为明显的方法。例如"网易云音乐"通过打卡签到获得"云贝"，获得的"云贝"可用于参与实体抽奖，如下图所示。

② 物质激励

平台、圈子通过发放实体或虚拟礼品激励用户积极参与活动。例如许多品牌在新品发布前在微博上预热，只要点赞、评论、转发这条微博广告即有机会获赠新品。

③ 定制活动

根据产品属性，结合节假日、特殊节日等推出的既跟产品相关又能凸显节日主题的活动称为定制活动。

定制活动可分为日常活动与非日常活动两种。日常活动不一定每天都要有，但需要定期举办，且每次间隔时间不长。如某餐饮品牌将每周二设为会员日，在会员日这天多款商品会有五折优惠。可根据不同的时间节点做定制活动。在平台、圈子中生产优质内容的同时也能够形成特色模式，让用户形成习惯，到了每年这个时候用户都会活跃度大增。例如"奇迹暖暖"作为一个二次元的换装类游戏平台，在每年暑期都会推出"暑期惊喜套装"，并提前在微信公众号发布文章预热，激起用户的期待感。

④ 消息促活

消息包含短信、私聊、邮件等。很多平台和商家会定时推送各类消息到用户的手机上，一般都会附带平台或商品的链接，用户回复或点击链接即完成用户促活的动作。

4. 用户转化

用户留存、用户促活的重要目的在于促进用户转化。

（1）平台直接转化

大多数自媒体平台都与电商平台、广告主（有投放需求的品牌、企业、个人等）有合作，这有利于运营人员缩短用户转化的路径。

① 图文类平台

以头条号为例，除该平台的补贴收益、广告收益外，运营人员还可以开通商品功能，直接在内容中嵌入淘宝链接，以引导消费、获取淘宝电商的收益。

② 短视频类平台

电商变现在短视频类平台上最为常见，以抖音为例，运营人员可以通过抖音小店、外部电商平台（如海宝、京东等）将商品链接加到个人账号的商品相窗中，之后将商品链接添加到将发布的视频作品中。当用户看到视频，如果对视频中的商品感兴趣，可以通过账号左下角的"视频同款"链接进行购买，从而实现对用户的直接转化。

短视频平台的流量基数大，年轻用户群体居多，深受各大品牌主的喜爱，因此广告收益是账号的重要收益来源，如某品牌的新品推出时，联合了十几位明星、网红、头部 KOL，以及 100 多位中腰部 KOC（关键意见消费者）共同行动发布相关视频。

③ 直播类平台

直播类平台最常见的用户转化就是直播打赏。直播打赏就是用户通过充值购买平台中的虚拟礼物，再将这些礼物在直播间打赏给自己喜欢的主播的一种行为。

随着市场的变化，仅向主播打赏的行为已逐渐势衰，直播电商已成为当下直播间的一种常见的变现手段。以抖音为例，很多头部的明星、网红、达人大多选择了直播间带货：通过直播的方式，介绍自家或其他品牌的产品，引导直播间用户购买。

（2）用户私域转化

在私域环境里，运营人员可以多次免费地触达用户，大大减少了获客与宣传成本。

① 微信个人号转化

微信个人号转化最为直接，常见形式就是在与用户沟通的过程当中建立信任，使用户对立品感兴趣并直接产生交易行为。相比于冰冷的机器，用户会更加信任接触次数多且有一定了解的人和物，因此微信个人号的转化率是比较高的。

② 朋友圈转化

朋友圈转化的形式有两种，一种是看到产品后直接购买，另一种是看到产品后感兴趣，咨询后购买。

1 未与用户沟通，用户看到朋友圈内容直接扫码或点击链接购买

2 用户通过朋友圈中的文案和产品图对产品产生兴趣，进而在私聊中成交

③ 社群转化

社群转化就是社群运营人员直接在群内分享商品链接或维码等

购买链接，引导群内成员下单购买。在社群内用户会产生从众心理，出现集体抢购某件商品的行为。因此，如果能把社群转化用好，其转化率会比私聊、朋友圈的转化率高很多。

（四）基于社群的产品运营与在线读书会

1. 社群运营的内涵及特点

社群，是有共同爱好、共同需求的人组成的群体，有内容有互动，由多种形式组成。社群实现了人与人、人与物之间的连接，提升了营销和服务的深度，建立起高效的会员体系，增强了品牌影响力和用户归属感，为企业发展赋予新的驱动力。

小红圈查阅数据发现，截至 2024 年 12 月，我国网民规模已接近 11.08 亿，互联网普及率达到 78.6%，超过全球平均水平 10.6 个百分点，同时移动互联网经过多年发展已经进入相对成熟阶段。

移动互联网的快速发展，已基本实现线下与线上融为一体，用户可通过移动互联网随时随地进行互动交流，突破传统的时间、空间、地域等局限，多元化的移动终端和应用服务，使社群功能得到延伸，社群价值得到放大。

根据马洛斯需求层次理论可看出，随着用户的基本需求得到更大程度的满足，对中层与上层需求的欲望加强，互联网社群的发展满足了用户对于人际交往的需求，也同时为用户搭建了信息内容获取和娱乐消遣的平台。

无论是对于内容创造者还是行业领域大 V、企业来说，社群都是其接触用户了解用户的最佳方式之一。如果单纯地依靠图文内容，其与用户的互动就只剩留言这一种方法；依靠音视频直播，这种一对多的回应方式无疑增添了内容创作者们不少的麻烦；而如果直接通过社群来进行用户留存、促活的话，不仅可以更好地与用户进行互动交流，同时还可以基于社群进行内容产出，提升用户体验，将内容的创作与分发同步进行。

2. 社群视角下的在线读书会运营要点

"社群"（Community）一词最早用以描述人与人之间的关系，社群也是人们通过一定的社会关系结合起来进行活动的共同体。社会是网，社群是流。可见，"社群化阅读"是在"社会化阅读"基础上概念的延伸，它具备"社会化阅读"的基本特征，但"社群化阅读"更强调因阅读而连接起来的每个零散的个体所构成的"学习圈层"。他们拥有共同的目标，不断地互动、交流、协作从而获得价值认同和亲密感，积极地发挥着社群效应，促使这种阅读分享模式向"社群化"方向发展。

"社群化阅读"正在消解着"传统读书会"概念的外延，重构了读书会参与者互动的循环生态，逐渐形成了"以书会友"为趣缘关系，以"垂直细分内容"为连接点，以"每位社群成员"为情感纽带，为这座城市增添了独特的"文化标签"。作为陪伴式商业服务机制，读书会把人们从消耗大量时间精力乃至无效社交中抽离出来，引领人们的是一种全新且匹配度更高的属于这个时代的健康生活方式，它也是互动分享、接触地点、行走空间和体验城市的一种生活状态。传统语境中"读"与"写"的关系被塑造成了一种新的社会交往关系，演化为一种以互动和共享为核心的社会化行为，最终目的是把阅读推广的"最后一公里"走完。

（1）垂直细分的主题内容

在线读书会向垂直细分领域发展，包括明确的主旨和集中的阅读范围。具备"社群化阅读"特征的在线读书会，首要任务是在读书会的主题、内容选择方面有所突破。议题的多样性不会带来意见的民主，阅读范围的宽泛也不会带来思考的自由，只会浪费用户不必要的时间。图书营销"长尾理论"认为，那些"小众书籍"经常成为被人遗忘的长尾，占图书消费市场份额的大部分。可见，垂直细分领域可满足不同社群成员个性化、人性化的需求——读书会成员因某类书籍或相关领域"兴趣爱好"结识彼此，这个兴趣越"小"越聚焦，才能在细分领域的社群中找到自己的一席之地。

（2）用户参与式的"共同实践"

读书会以用户为中心，强调社群的互动，完成从"受众"到"用户"的思维转换。大众传播时代，传统媒体掌握着官方话语权，受众只是内容的消费者——被动接受媒体提供的资讯和观点。尤其在"人人面前都是麦克风"的自媒体面前，传统的消费者、生产者二元对立的关系被颠覆，用户已从内容的消费者变成共同参与者和利益分享者。当下，社群中的用户已被"赋权"，他们可以自由表达观点、分享见解和贡献创意，还可完成对文本的二次加工和传播，极大地促进了用户参与和协作生产机制，在阅读扩散的过程中享有更多的话语权。

"社群化"的阅读方式让读书会成员通过高自由度、高频次、高效率的信息传播和沟通交流，用以寻求彼此的价值认同和归属感。如今，"签到、打卡、交流读书心得"等一系列"组团式"活动，让读书会的意义不再局限于"读书"本身，而是集结了用户一种分享、社交、学习的泛阅读生活方式，极大地增强了用户黏性，强化用户体验，使普通用户转化成社群成员，使社群更牢固。

（3）KOL 的专业化运作

KOL 通常围绕一位或多位 KOL 展开知识分享，作为运营读书会的主导角色，KOL 有意地引导和聚合，使社群内部形成密集的网状传播结构，构建的信息传播模式多以"社群—品牌活动—生态圈"为联动效应的商业模式的创新，推动读书会向更专业的方向运作，从而获得社群经济效应。其一，社群化阅读强调的是社群内部必须有中心。根据社群成员参与度和活跃度，社群中诞生了重要的KOL，也就是现在常说的"大V"，通常而言，KOL的诞生，主要根据知识社群的定位和特点，邀请某领域相关专家、嘉宾和会员入驻，并通过多种方式来提高嘉宾或专家的活跃度。其二，为了实现多中心化运营，读书会还会主动培养几个副KOL。相较而言，拥有较高的社会资本和组织能力的人一般会被选作社群运营者。其三，负责微信群管理人员也是不可或缺的KOL，他们将热爱读书的人聚集在一起，拉入最新一期读书会的群，并预告最新一期读书会内容，同时，引导和微信群中的用户如何进行阅读，用户任何问题都能在第一时间做出回应和互动。

（4）搭建线上线下的阅读场景

社群化的阅读"场景"营造的是对用户空间的再利用，从而产生"时空一体"的适时体验，用以满足用户"我在现场"的欲求，实现脱域的情感体验，又可以将用户从既有情境中剥离出来，营造出"在场的缺席"。这样一来，人们在实践中逐渐地建构着地方感，"他们看见了我所见的，听见了我所听的"，潜移默化形成了一种"公共领域"，并把各方的注意力集中到特别指明的某种社会关系和行动中去，激荡起一种新认识。在媒介融合的语境下，读书会将个体阅读场景集于个性化的社群中，从而形成立体式的互动。同时，还实现了实体空间与虚拟空间多维度的场景孵化。当下，不仅利用自媒体时效性、快捷性的特点，诸多读书会都搭建了自己的线上自媒体平台，还让线下渠道再次成为人们关注的焦点。读书会还开进了实体书店、历史人文博物馆、咖啡屋和商业空间等多重媒介形态场景。传统的读书会受到时间和地域的限制，只能影响到一个地区的读者，而互联网技术引入后，读书会可以利用网络工具开展线上宣传、招募读者、分享观点等，开辟了新的渠道，也能因此生长出很多"读者"微信群，成员来自社会各个领域，他们在群中交流阅读与写作经验。

若将用户置身于"社群化阅读场景"，再将价值立场融入文章内容，最终可让多元的社群文化嵌入现实生活。詹姆斯·凯瑞曾提出"传播的仪式观"，并非简单地把传播当作一种仪式活动并进而对其进行研究，其核心在于将人们以团体或共同体的形式聚集在一起的神圣庆典。阅读行为的仪式化色彩依旧未曾减弱，这种"仪式观"建构了社群成的身份认同——一种群体及文化的满足感和归属感。人们为了寻求满足感和归属感主动参与社群互动，而社群的进一步发展，又加强了人们的满足感和归属感。在线读书会恰巧营造了社群成员在"这个"地方的归属感，以社群成员为中心的使用场景就成为资源配置的方向，并为某个场景产生某个愿望的服务，从而让阅读从个人化的行为上升到充满仪式感的群体行为。

任务实施

会员制运营方案

（一）背景分析

知识付费正当时，数字阅读对纸质阅读的冲击不可谓不大，碎片化的阅读状态占据了人们大部分的阅读时间，每个人所关注和感兴趣的内容也越来越多元，在这样一个快速变化的时代下，传统的出版行业如何更好地服务读者，是值得思考的课题。

（二）目标用户

1. 以一二线城市用户为主，男女比例相差不大，以80后、90后为主，有一定的经济能力。

2. 以学历水平较高用户为主，有一定的获取知识诉求，通常由于学业、工作或者个人兴趣爱好学习，学习目的性较强，个人主观性相对强。

3. 购买频率为每月或每两月1次，每次购买图书3到5本。

4. 有着书籍收藏与纸质阅读的倾向，愿意为高质量的图书买单，会因为同类群体人员的推荐或认可而购买产品。

（三）产品分析

搭建会员计划，更加精准地为会员提供服务，构建一个读者和出版社所共有的精神家园，或许是未来读者服务的一个趋势。由此，华东师范大学出版社会员平台这个读者和出版社所共有的平台应运而生。

（四）运营策划

1. 用户需求分析

（1）商品价格折扣、具有吸引力的会员专享价格与会员专享商品；

（2）定期发放的优惠券与免运费券；

（3）消费返利与会员积分福利兑换服务；

（4）优先级的服务、专属客服服务、便捷退换货服务；

（5）电子读物赠送服务。

2. 产品价值与服务

用户可通过购买99元付费权益卡成为会员，权益卡按年付费。

项目五

（1）入会礼包成为会员后，用户可以在会员制度提供的礼包范围内选择入会礼。入会礼分为两种礼包，每种礼包都包含5本精品图书，用户可根据自身的阅读兴趣进行入会礼包的选择。此外，入会后，会员将获得由华东师范大学出版社定制的精美礼品一份。

（2）会员优惠入会后，会员将获赠华东师范大学出版社商城100元优惠券（满100减10元券2张，满300减30元券1张，满500减50元券1张）。此外，每月会员都将获得无门槛包邮券1张。会员还可参与会员专属的特价秒杀活动。每月1场特价书秒杀活动，9.9元起包邮，该活动会员独享。

（3）积分兑换会员在会员家商城购书时，每购书一元积分一分，会员可集积分兑好礼，包括定制书签、定制笔记本等。

（4）免费申领

会员享有每年6次免费申领纸质书与电子书的权益。用户每次可免费申领一本纸质书与一本电子书，多种书目任选。

（5）其他权益

专属客服服务、便捷退换货服务、VIP专属社群服务、绝版图书清仓、神秘年终礼包、海量线上名家分享等会员专属权益。

3. 发展用户

（1）筛选符合条件的目标用户，通过邮件、短信、电话等方式进行推广。

（2）通过运营新媒体账号，在其他论坛发软文或硬广等方式线上推广。

（3）在用户密集出现的线下地点进行推广。

4. 用户留存

（1）功能留存

引导用户体验核心价值。在用户注册成功后，通过新手任务和优惠券补贴、红包的形式，引导用户体验产品的核心价值。

（2）内容留存

对用户进行精细化运营，通过推送相匹配的内容，提高用户留存。

（3）社交和互动留存

帮助用户去缔结更多有效的关系或制造更多的互动，建立客服专属服务，建立会员专属社群。

5. 用户促活

（1）利益激励

通过物质奖励引导用户发生行为。设立签到机制，会员每日签到可获得会员积分，积分可用于兑换好礼，连续签到满 7 日可获得 5 元优惠券 1 张。

（2）互动引导

让会员通过平台进行交流，解决问题，产生共鸣。在会员专属社群中推送每日活动，促进平台与会员、会员与会员之间的交流。

（3）游戏化激励体系

通过积分体系、勋章体系、成就体系，在会员完成某一个或者一系列动作后给予激励。设立经验值等级体系，用户通过购买获取经验值，在用户达到每个等级后给予用户有形的积分与无形的勋章或成就作为激励。

6. 用户转化

（1）针对性的营销活动

根据不同用户的行为习惯进行内容推送。如下图所示。针对性的营销活动是指通过分析用户的行为习惯，为每个用户或用户群体定制个性化的内容推送，是一种基于对目标受众深入分析，制定并实施个性化营销策略的方法。通过用户浏览记录、搜索关键词、停留时长、互动行为等数据，构建起详细的用户画像。随后，系统利用先进的算法对这些信息进行整合与筛选，为每个用户量身定制内容，并巧妙地将转化目标融入其中。

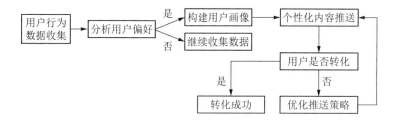

（2）自动化营销活动

自动抓取目标人群，同时根据不同的用户状态进行持续的营销。系统自动识别用户是否在5天未登录，针对会员5天未登录进行的一系列转化活动，比如推送提醒，同时如果用户持续不回来，系统自动识别后会在最佳时间推送最近的内容刺激用户转化。

（3）引导用户旅程的营销

将用户的首次付费作为转化目标，为了实现这一目标，对新用户如何引导进行一系列的营销策略实施（见下图），在新手阶段提升会员忠诚度，最终产生消费。

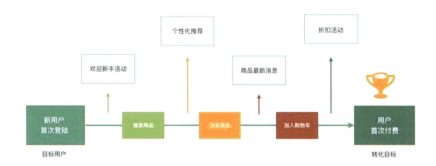

拓展练习

请根据数字阅读平台营销策划要点，制定一个《读库会员》营销策划方案。

具体要求如下：

1. 需要包括背景分析、目标用户、产品分析、运营策划四方面内容；

2. 背景分析部分需对产品进行总体背景分析；

3. 目标用户部分需针对产品的目标用户进行详细分析；

4. 产品分析部分需对产品的功能进行总体性分析；

5. 运营策划部分包括用户需求分析、产品价值与服务、发展用户、用户留存、用户促活、用户转化五方面内容，产品价值服务中需要设置完整的会员体系。

任务小结

1. 基于营销策划要点，在分析同类产品的基础上进行了华东师范大学出版社会员制营销策划。

2. 会员制策划的关键点包括用户定位、用户留存、用户促活与用户转化。

3. 用户定位可以帮助运营人员快速找到精准的用户群体、建立目标用户画像，从而将产品与用户需求完美地结合在一起，实现长期运营、精准营销的目的。

图文媒体平台运营

背景介绍

图文类媒体平台在互联网络上的占比较大，耳熟能详的图文类媒体平台有知乎、微博、头条号等。纵观全球，社交媒体和技术公司凭借其强大的用户群和雄厚的技术力量，短时间内已经成为用户获取新闻资讯的主要途径。

在平台链接的传播网络中，不同类型的内容生产者保持实时在线、滚动更新、即时分发，实现了新闻信息的高速流通。资讯类平台今日头条、一点资讯，社交类平台新浪微博、微信，以及短视频平台梨视频、快手和抖音等，基于海量用户的内容生产越来越具有平台媒体的属性。

社会化生产和社交化连接是平台媒体的两大特点。聚合大量内容生产者，重视高质量内容的输出，是平台运行和发展的基础。今日头条从成立之初就定位于资讯类平台，大力引进传统媒体、政务媒体、自媒体等内容生产主体。短视频头部产品抖音正着力吸引机构媒体进驻，推动产品媒体化的进程。

某公司需要为华东师范大学出版社打造出版社官方知乎账号运营方案。方案中需要对知乎平台进行分析，在总结平台特点的基础上确定账号操作方向，并分析提炼账号内容运营策略。请在调研分析同类产品营销特点的基础上，完成该运营方案。

学习目标

1. 知识目标

（1）简述图文类媒体平台运营策略；

（2）了解出版单位的图文类媒体平台运营做法。

2. 技能目标

（1）能调研分析图文类媒体平台运营特点；

（2）能根据平台及主体特点分析账号内容运营策略；

（3）能根据产品特点制定图文类媒体平台运营方案。

（4）能进行产品分析，包括平台分析、用户分析、需求分析、产品结构；

（5）能进行入驻策划，确定账号类型、账号操作方向，并梳理内容流通。

任务分析

| 产品分析 |

（一）知乎

2011 年，作为一个网络问答社区，知乎正式上线。"高质量"是知乎的标签。在知识问答和知识付费领域，知乎目前仍属于国内的领跑者，

用户可以关注与自己兴趣一致的人，也可以对某一话题进行讨论、回答。知乎社区运营阶段可分为初始和成长两个阶段。

（1）初始阶段：积累用户，沉淀优秀内容

初始阶段，是知乎上线后至对外开放的这段时期。知乎社区是一个开放的平台，在这里用户可以自由提问或回答问题，同时，也可以像社交网站一样关注感兴趣的人，这里不仅仅是人与人之间的关系，还有问题和话题之间的关系。基于这种立体的关注模式，知乎的内容形成了一个紧密交织的大网，用户与用户也紧密地连接起来。

（2）成长阶段：开放注册，吸引维系用户

2013 年 4 月，知乎终于做出了重大的决定——开放注册。随后在知乎向公众开放注册的一年时间内，用户数量迅速从 40 万飙升到 400 万，增长了近 10 倍。知乎的目标是将高质量的内容透过人的节点来成规模地生产和分享，从而在数亿中文互联网用户群体中构建高质量知识社区和高价值人际关系网络。基于上述的目标，知乎有自己的内容运营策略。首先，知乎做的是内容的定位和内容标准的建立，以此来维护社区的良好氛围。知乎的模式是基于人际关系的

项目五

内容生产和传播分享，因此知乎确立了内容的生产方式和内容供应链。其次，知乎从内容的呈现和组织方式出发，建立了组织有序的管理机制。最后，知乎实现了社区线上和线下的互动，构建了立体化的传播渠道。

（二）头条号

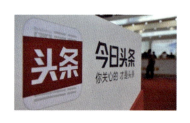

头条号曾被命名为"今日头条媒体平台"，是今日头条旗下的自媒体平台。今日头条的内容来源主要有三个方面：一是从其他网站上抓取的信息；二是"头条号"创作者发布的信息；三是今日头条注册用户发布的信息，主要是利用微头条发布文字、图片或视频，三者发布的信息皆可被系统推荐分发给感兴趣的群体，同时，文章及视频的评论也填充了头条内容。

"头条号"传播内容特色：

1. 标题：信息前置、简单直接

今日头条通过算法推荐文章，增加文章的展示量。于创作者而言，标题是最重要的门面，是流量入口，有故事性的标题不仅是创作者的流量优化策略，也是帮助读者节约时间的效率优化策略。

2. 形式：图文、短视频为主

图片作为信息传递载体，相对文字而言更为直观、简洁、感性，符合现代人的碎片化阅读习惯。在"头条号"发布的文章中，基本上都配有相关图片，主要原因有两个：一是图文能够代替文字传达信息，吸引读者阅读；二是"头条号"文章、视频、图集、投票等发布后台要求作者设置封面，封面在功能上与标题有异曲同工之处，能够吸引注意力，起到导流的作用。

3. 取材：紧跟热点、传达知识、触碰情感

今日头条是新闻资讯类客户端，用户期待侧重于资讯获取，了解国内外新闻，增长知识。让用户觉得有知识增量的文章才能被广泛转发、收藏：其一，用户在文章中能发现新知识、新启发，如军事类头条号的文章，用户能够通过文章了解武器装备及中外军事新闻；其二，用户可以通过文章获得与自己切身相关、可借鉴的经验，如健康类头条号的文章，用户通过文章可以知道与自身健康相关的知识。

| 知识准备 |

图文类媒体平台运营策略

（1）找准内容和用户的定位，形成好口碑

做好内容和用户的定位，是社区内容运营的关键一环。内容和用户分不开，从传播学的角度讲，媒介的内容特征决定了受众群体，同时受众群体的属性也决定了媒介的风格定位，内容定位和用户定位是相互影响的。

"内容为王"，这是内容媒介运营永远不变的真理。一个网站内容质量的好坏，决定了它是否能在市场竞争中生存下去。尤其是在互联网上各种信息重复、滥用的今天，创造有价值的内容非常必要。网络是世界上前所未有的最佳的口碑放大器，所以通过好的内容来塑造口碑非常重要。比如，谈到豆瓣社区，很多人会联想到文艺范儿；谈到天涯论坛，让人很容易联想到杂谈；谈到知乎，又会让人

产生高质量和专业化的印象。这些社区在不同的领域深耕细作，形成自己的内容优势，从而广为流传形成良好的口碑。

在新媒体时代，每天都有很多 APP 产生，但是很多 APP 被研发出来后其下载量并不高，原因是什么，就是各种内容同质化的平台太多了，没有独特之处，无法吸引受众的注意力。总之，以内容为主的社会化问答社区，一定要在市场中找准定位，确立自己的风格，找准目标用户，并持之以恒地为他们提供有价值的内容，这样就能形成良好的口碑，从而吸引更多用户的加入。

（2）注重社区内容的维护，建立社区规范

UGC（用户原创内容）模式，创造了社区丰富多彩的内容，对这些用户生产的内容进行挖掘可以得到很多宝贵的可应用于很多领域的知识，但其中存在的不请自来、与话题无关（广告等）或虽与话题相关但是虚假性的内容严重影响了挖掘的效果，并产生了误导用户、浪费资源等不良影响。问答质量是一个问答社区的核心所在，要通过控制问答质量为社区提供良好的知识氛围。每个社区应制定适合自己的管理规则，并提醒用户注意。

（3）多方位开展互动活动，拓宽传播渠道

用户互动指的是不同用户之间通过开展各种沟通、联系、交流和互动等活动，而彼此之间相互影响的过程。新媒体的形式不断在发展，内容媒介要想获得更多的受众，就要增加内容的入口，不断拓宽传播的渠道。

根据受众的细分，受众的性别、年龄、爱好、收入、社会地位、社会角色、家庭环境、工作环境、信息接收方式的不同，会直接以及间接地影响受众的信息需求。在这样的情况下，媒介面对的是分众化的受众群体，因此，媒介就要对自己的内容产品进行组合或者拆分，以满足受众多样化信息需求。

任务实施

图文媒体平台运营方案

（一）背景分析

1. 出版社的营销重点变化

近几年图书零售不断向线上转移，线上销售比重不断加大，出版社的营销重点更多地转向线上，有些出版社在线下只保留了基本营销，有些出版社则把全部营销力量投入线上。线上营销也分为渠道营销和渠道外营销，其中渠道外营销主要是媒体营销，由于和传统媒体营销方式不同，一般称作新媒体营销。

2. 新媒体营销的特点

新媒体营销和传统媒体营销的目标一致，都是通过媒体广泛宣传推介图书价值，引导读者关注和购买，实现图书的社会效益和经济效益。但是新媒体营销的形式、做法和广度大大超越了传统媒体营销，这是由于智能手机等移动终端设备迅速普及，性能不断提高，人们的通信、社交、学习、娱乐等生活方式发生了翻天覆地的变化，每个人随时随地都是信息的接收者，而且如果你愿意，每个人随时随地也是信息的发起者和传播者。

（二）目标用户

知乎的用户主体是具有良好教育背景的都市白领及大学生，主要以知识型中产的青壮年人群为主，智慧型从业者居多，高学历、高收入、高消费是知乎用户的三大特点。月收入 8000 元以上占 38%，且超过 87% 的用户拥有本科以上学历，30 岁以上的人群占 45%。

（三）产品分析

1. 平台分析

知乎是以问答为内容主要形式的 UGC 社区，这里聚集着各行各业的精英、白领、首席执行官（CEO）等精准用户分享着彼此的专业知识、经验和见解，是氛围友好、理性的高质量内容社区。截至 2018 年 5 月，知乎已经拥有亿级注册用户，平均日活跃用户达 2000 万，人均访问时长达 40 分钟。海量用户的涌入，使得社区内容不断丰富：知乎成了中文互联网上最大的深度内容聚集地，社区属性从单一的问答社区逐渐演变为搜索引擎、干货分享、大众点评、在线教育平台的综合体。

2. 需求分析

在知乎这个话题广泛、内容繁杂的 UGC 社区中，用户需求主要分为内容消费、内容生产、社交三类。

（1）内容消费

搜索与关键词相关的深度内容，知乎是互联网深度内容的密集区，相当于一个深度版的搜索引擎；获取各领域的"入门指南"，资深人士分享的专业内容充当着初学者所需的入门资料；关注大 V 的动态，知乎催生了一批知识网红，评论区经常能见到粉丝抢占前排的现象；消遣娱乐，知友分享的奇闻轶事和抖机灵内容具有极强的娱乐作用；获取达人推荐，从过来人那里获取经验和建议，延伸出一系列诸如创业分享、案例分析、案例复盘的需求；获取关于时事热点的更多见解，热点事件的深度挖掘、内幕爆料、多角度分析都发生在知乎上。

（2）内容生产

满足心理诉求：释放表达的欲望，希望自己的想法能被他人了解并认可；获得成就感，成为意见领袖，被大众认同、追捧；实现自我价值，希望自己的观点能够改变他人、帮助他人。

获取各种收益：建立个人品牌，获取关注、吸引粉丝从而通过知乎 live 推广等方式间接获利；以分享的形式进一步学习，最有效的学习方式就是教别人；版权保障，确保分享的内容不被抄袭。

（3）社交

知乎作为社区为用户提供了绝佳的社交环境，用户在问答中交流想法、分享感受，每一个话题下都聚集着一群兴趣相近的人，很容易就遇到志同道合的想要结识的人。

3. 产品结构

知乎中内容的形态分为问答、个人分享、文章、知乎 live、知乎电子书共五类，主要通过"首页"和"发现"进行分发；"首页"以列表形式推送用户感兴趣的内容，"发现"通过多层级分类展示全网热门内容。与用户本人相关的内容则集中收纳在"我"。值得一提的是知乎 APP 将"私信"单独设定为一个频道，强化其社交功能。

（四）运营策划

1. 入驻策划

（1）机构号

知乎机构号是社区新增的机构类用户专用的知乎账号，是与知乎社区内原有的个人账号并行的新账号类型，通过引入这种新的用户账号，知乎允许合法的、有正规资质的组织机构入驻知乎，发布内容并参与社区互动。华东师范大学出版社机构号将与个人用户一起，分享自己领域内的知识，经验和见解。

（2）账号操作方向

① 回答：通过在社区提问下发布回答，华东师范大学出版社机构号可以对公众关注的问题做出官方解答。

② 文章：通过发布文章，华东师范大学出版社机构号可以主动对外发布官方信息。

③ 提问：通过发布社区提问，华东师范大学出版社机构号可以发起和参与社区公共讨论。

④ 评论管理：华东师范大学出版社机构号可以管理其发布内容下的评论，有三种评论模式可设置（开放评论、关闭评论、预审评论）。

⑤ 参与社区互动：华东师范大学出版社机构号可以参与的社区互动包括评论、邀请回答，赞同、反对、感谢、没有帮助、举报。

（3）内容流通

① 当华东师范大学出版社机构号发布回答、文章和提问时，发布内容会进入关注该机构号用户的首页中。

② 当用户对华东师范大学出版社机构号发布的内容点赞、关注或回答华东师范大学出版社机构号的提问时，二次传播会受到一定限制，传播范围受用户兴趣和算法的影响。

③ 华东师范大学出版社机构号发布的内容可以被搜索到。

2. 内容运营

（1）紧跟热点，挖掘长效话题

重视更新，每周定期回答问题、更新专栏文章。在知乎，好内容是核心，但只有好内容成不了事，许多作者写得一手好文章，来到知乎更新，却乏人问津，不是他写得不好，酒香也怕巷子深，好内容只有和合适的角度、时机结合，才能事半功倍。

将挖掘长效话题、依托出版物提供高质量回答作为华东师范大学出版社运营知乎账号的重点。将问题回答与出版社出版的书籍结合，从读者感兴趣的角度出发，发现热点与出版物之间的联系。同时也需注意，为了热点疲于奔命，也容易使内容流于急躁。在知乎，更多读者愿意看这种故事性的文字，而不是平直的内容简介或专家点评。只有让读者感受到了书籍和文字背后的温度，才愿意推荐它、转发它。

（2）站在读者角度思考

不同于普通的个人账号，运营出版机构公号需要慎之又慎，关心出版社的读者多，注重细节的读者不少，小到段落措辞，大到调性风格，稍有偏差，读者都会提醒。出版社官方账号需要注意发言，也必须格外注意版权，只更新自己原创或者已经取得转载授权的内容。

拓展练习

请根据图文类媒体平台运营要点，参考华东师范大学出版社官方知乎账号运营策划方案，制定一个华东师范大学出版社官方头条号运营策划方案。

具体要求如下：

1. 需要包括背景分析、目标用户、产品分析、运营策划四方面内容；

2.背景分析部分需对产品进行总体背景分析;

3.目标用户部分需针对产品的目标用户进行详细分析;

4.产品分析部分需对产品的功能进行总体性分析;

5.运营策划部分包括入驻策划、内容运营，入驻策划部分需要确定账号类型、账号操作方向，并梳理内容流通，内容运营部分需要根据头条号及出版社特点，分析账号内容运营策略。

任务小结

1.基于图文类媒体平台运营要点，在分析同类产品的基础上进行了华东师范大学出版社官方知乎账号运营策划方案。

2.该策划方案的关键点包括产品分析、入驻策划、内容运营策略。

3.图文类媒体平台运营要点：找准内容和用户的定位，形成好口碑；注重社区内容的维护，建立社区规范；多方位开展互动活动，拓宽传播渠道。

短视频类产品运营

背景介绍

新世纪以来，互联网的出现和发展将人类传播带入了第四次革命。科技的进步也引发传播载体和传播介质的飞速发展，从文字、图片到视频，互联网内容不断更新迭代构成错综复杂的组合，信息量越来越大、可视性越来越强、表现形式越来越丰富、互动性、实时性的趋势也越来越明显。

这种强交互性的传播模式，使得传播方与受众之间的传统关系发生了巨大转变，这不仅预示着互联网新时代的到来，也预示着自媒体时代的到来，因此在这个时代，每个人都可随时随地在互联网上发布任何信息，每个人都拥有了传播的权力。

同时，互联网的高速发展让人们的信息来源和所获得的信息内容逐渐"碎片化"，这使得大众无法集中注意力来阅读长篇的文档内容，短视频应运而生。体量小又能承载丰富信息的短视频则与互联网高速发展下的传播特性相匹配，它能够更好地利用用户的碎片化时间，将文字、语音和图像融合在一起，以多视角、更直观和更立体地方式来展示信息，满足了当代大众的表达需求和分享诉求。

任务描述

　　某公司需要为华东师范大学出版社打造微信视频号运营策划方案。华东师范大学出版社希望通过短视频的形式在微信视频号上对出版社图书进行丰富详细地介绍，该策划方案主要针对内容生产机制，需要明确内容策划要点以及内容制作风格及要点，并进行总体性阐述。请在调研分析同类产品营销特点的基础上，完成该产品运营方案。

学习目标

1. 知识目标

（1）了解短视频的概念；

（2）了解短视频 APP 的分类；

（3）简述短视频的营销要点；

（4）掌握短视频类产品做法。

2. 技能目标

（1）能够调研分析短视频类产品运营特点；

（2）能够进行产品总体分析，并进行比较；

（3）能够针对产品特点明确内容策划要点；

（4）能够针对产品特点明确内容制作风格；

（5）能够制定短视频类产品运营策划方案。

任务分析

| 产品分析 |

（一）一条视频

    "一条视频"是由《外滩画报》前总编徐沪生创立，微信公众号、微博以及秒拍等社交媒体为平台的互联网新媒体。"一条视频"将其自身定位为杂志化的短视频，分别囊括生活、文艺以及潮流三个方向的选题，每天一条的节奏在微信公众号平台上发布原创生活类短视频。视频内容多以中产阶层人物为主角，第一人称叙述，展现视频中主要人物的某种特定生活方式。它采用纪录片的拍摄方式，在每天三至五分钟的视频内展示细腻缓慢又干净的镜头语言，强调设计感的

布景与陈设，加之为视频内容独创的背景音乐，开创了短视频的新美学。

1. "杂志化"的内容设置

    "一条视频"所谓"杂志化视频风格"，就是用平面媒体的思维方式来处理视频，组织上删繁就简，专注于内容，视频制作中一改新媒体平台粗糙的制作方式，每个细节都做到精致和统一格调。

    "一条视频"不仅在视频画面要求上具有杂志化的风格，在短视频制作的前期工作里，也采用杂志化的制作流程。"一条"每天发布的短视频都先是通过编辑上报选题、团队讨论、确定选题、联系采

访目标，然后进行拍摄剪辑以及短视频编辑发布。繁重的工作量使得"一条视频"栏目设定是也同样接近杂志的设定，每个栏目或为周播，或为双周播，虽然整体节奏为每天发布一条短视频，但从栏目结构来看依然是周播节目。如此周播节目的运作形式，就好比周刊既比日报的品质高，又比月刊速度快、流程严格，能够大大提高效率，降低视频成本。

2."极简主义"的风格定位

生活｜潮流｜文艺

"一条视频"的整体内容风格正好与近几年盛行的"极简主义"时尚风格相契合。"一条视频"无论是内容编辑还是镜头语音都充分贯穿了这种风格，给人的一种精致、疏离、与世隔绝的印象。这样的"极简主义"风格在"一条视频"里体现出来：图片、视频都经过后期细致用心的调色，统一使用淡雅的色调，力求细节完美，注重形式和内容的美感统一，给用户带来良好的视觉体验和审美感受。

【一条】为什么跟着蝴蝶走，就能找到风水宝地？
2232　2016·6·29

【一条】如何冲泡一杯正宗中国范儿的红茶？
4180　2016·6·28

【一条】他们自闭、脑瘫、精神分裂，却通过画画赢得尊重
2261　2016·6·27

3. 多平台分发

"一条视频"最初是依附微信公众号进行内容的传播，同时衍生到微博、秒拍、优酷、腾讯、爱奇艺等平台。在微信和微博平台中，

受众可以浏览到"一条视频"的完整内容——3 至 5 分钟的短视频，加以精致排版的文字和图片解说，并且可以通过评论和点赞的方式与"一条"进行互动，在优酷、腾讯等视频平台，受众可以浏览高清版的视频内容，并可以下载收藏。

（二）快手 APP

1. 传播特点：链式传播模式

快手是一款兼具个性化推荐和社交属性的短视频信息流产品。它通过个性化推荐机制解决了社交类应用的"冷启动"问题，同时借助社交属性巩固了自身的竞争优势与内容生态。

在"发现"频道中，内容由智能算法精准筛选，依据用户的兴趣偏好进行个性化推送，从而精准满足用户需求。而在"同城"频道中，内容的展示不依赖热度排序，而是综合考虑发布时间、内容质量、用户互动等多种因素，以确保用户能够看到更多与自己地理位置相关且有价值的内容。

2. 传播主体特点

快手比起其他短视频竞争者，主要用户的地域相对偏远，收入低、年龄低、学历低，从内容上看四五线城市年轻人、农村用户、中学生居多，这一类人群生活单调，生活节奏较慢而又没有丰富多彩的娱乐生活，于是他们需要一个平台来打发这些无聊时间。另一方面，他们社会关注度低，穿着打扮成不了网红，又没有特殊技能，与主流互联网世界有些脱节，但人的天性就是希望能够获得关注，正是快手为他们提供了一个平台，即使长得不美，没有特殊技能，也能获得大量粉丝簇拥。

3. 传播渠道分发特点

（1）利用算法理解用户偏好：快手以内容推荐页为主，利用算法给用户推荐喜爱的内容。

（2）"农村包围城市"的逆向传播：快手利用了算法的技术，使得每个人都有表达的机会，让农村用户率先出现在公众面前，能够抓住更多的普通用户，使得每个人都可以平等地分发自己的内容，使得优秀创作的人能够更多地被关注。

（3）抑制信息流媒体属性：快手中没有转发功能，没有榜单，一定程度上限制了信息的传播，抑制了信息流的媒体属性更多强调社交属性。

4. 商业运营模式

在快手平台上，无论用户粉丝数量多少，均不被定义为主播。以热门创作者"秋月梨二叔"为例，即便其在快手上拥有超过200万粉丝，快手团队也未曾直接与其接触。这体现了快手独特的商业运营逻辑：快手不通过举办活动来运营用户，也不对网红或明星进行额外的资源倾斜，而是致力于营造一个公平、普惠的创作环境，让每一位创作者都有机会凭借自身优质内容获得关注与成长。

| 知识准备 |

（一）短视频的概念

短视频最初是以手机应用的方式进入大众的视野，最早出现在美国。在中国，短视频应用的起步较晚，但随着2013年12月我国电信产业正式进入4G时代，短视频实现了即时传播，信息的传播速度大大提升，国内迅速发展起来一批短视频应用，比如：新浪推出的"秒拍"、腾讯的"微视"及美图公司出品的"美拍"等短视频应用。对于这样新型的社交形式，称谓也并不统一，"移动社交视频"、"移动短视频"、"小视频"以及"微视频"等，本书将其统一称为"短视频"。

（二）短视频 APP 的分类

1．娱乐型

这一类短视频大多兼具工具和媒体双重属性，首先作为一个视频类软件，这类短视频具有视频处理功能，可以美化和编辑视频，设置有各种滤镜和特效，可以让用户进行变声、重组，设置个性化贴纸和背景音乐等。同时，APP 内还有许多的垂直频道，如内容资讯、搞笑、明星等众多领域。此类短视频 APP 如小咖秀、秒拍等。

2．社交型

社交短视频应用主要由用户生产内容，注重用户之间的互动评论，以短视频内容打造兴趣社区，这一类视频就比如快手、抖音、西瓜视频等。以快手为例，用户专注于短视频内容和互动，它并没有设置垂直频道或刻意打造平台红人来引导用户流量，而是利用平台的开放式，孕育出符合社区特质的达人用户。

3. 工具型

这一类短视频 APP 主打的是其强大的编辑美化功能，用户一般上传视频进行处理，平台可以提供视频模板，进行后期渲染加工，包括字幕、特效等，用户一般不会在这样的平台上展示内容，更没有和其他用户的交互设计，用户仅仅是将其视作一个制作的软件。这类短视频 APP 例如美拍、逗拍、vue 等。

任务实施

短视频类产品运营方案

（一）背景分析

1. 短视频的发展

短视频以直观性强、表现力丰富、易于传播等特点，吸引了主流网民的注意力。近年来，我国网络视频用户规模不断增长，2018 年 12 月达到 6.12 亿，短视频用户突破 6.48 亿，短视频成为名副其实的风口，传统媒体平台也争相布局，探寻宣传与营销的更优模式。

2. 出版机构的短视频探索

在国内出版机构寻求品牌宣传拓展、产品营销渠道的今天，短视频也正式成为新的推广玩法。当下，短视频账号、平台已经成为出版机构品牌宣传、产品营销不可或缺的阵地。抖音、快手等娱乐属性较重但流量可观，视频号因搭载微信生态具有优势。

（二）目标用户

华东师范大学出版社微信视频号的目标用户主要为出版社读者。现如今的读者与过去不同，其成长环境和思维方式已经发生了很大变化，因此，出版方需要和读者建立一种直接联系，这种联系要能够保证高频互动，只有这样才能从他们的海量行为反馈中分析出特征和取向。

微信视频号用户男女较均衡，19 到 30 岁目标群体指数高，新一线、三线及以下城市用户目标群体指数高。从这些用户的使用习惯来看，更多以娱乐为主，看到硬广会直接过滤。

（三）产品分析

1. 图书短视频内容策划要点策划

（1）主题新颖，贴合热点

图书短视频主题的选择是整个宣传营销中的重中之重，一个能在几分钟内既能吸引受众、传递思想又能宣传图书的主题决定了营销活动的侧重点。

短视频是为了宣传图书，视频内容的主题应当与图书主题联系密切。但是，不宜将图书主题直接选定为短视频主题，因为这样会忽略新媒体环境下的大量潜在读者。

华东师范大学出版社发布的图书短视频主题确定需要参考当时的社会热点话题，随着受众对热点的议论和搜索，与热点有关联的短视频自然就会被呈现在受众的屏幕前，可以说短视频将搭着热点的顺风车被推送给受众。还需要注意的是贴合热点而不是一味地迎合热点生搬硬套，这样只会降低受众对图书品牌以及对出版方的好感度。对热点的思考可以是多维度多角度的，从与图书风马牛不相及的角度着手不仅达不到预先设想的宣传效果，反而会被受众冠上"蹭热点"的恶名，只有展开发散性思维，从出版角度找到热点与图书重合的地方，继续挖掘，策划出让受众耳目一新的主题。

（2）语言凝练，诙谐幽默

华东师范大学出版社发布的图书短视频可考虑分为有剧情式和无剧情式两种形式。

① 有剧情式

对于有剧情的图书短视频（"电影预告片式"、"情节剧式"、"动画短片式"）来说，短片中的语言包括画外音和人物对白两种。

人物对白用于展开剧情，画外音作为剧情的补充，两者在剧中组合出现的情况有很多，可以全部都是人物对白，完全需要观众通过对人物语言多次解码才能体会到语言背后的深层意义；可以是人物对白与画外音都出现，人物对白推动情节发展，画外音补充画面无法呈现的信息，画外音帮助受众更好理解人物对白，使受众接收到短视频想要表达的主题；还可以全部都是画外音，画外音以"上帝视角"讲述故事的发生经过和结局，不需要受众思考直接告诉他们主题；还可以完全没有语言，这种表现方式更难但是给受众的冲击更强烈。

发布的短视频尽量做到"麻雀虽小，五脏俱全"，在简短的时间里能出现的语言并不多，因此需要凝练幽默。幽默的语言让受众在点开短视频就开始不自觉地跟着语言的引导继续观看，凝练的语言可以让受众迅速了解大致情节为理解人物做铺垫。

② 无剧情式

对没有剧情的"脱口秀式"短视频来说，凝练幽默更重要。受众关注"脱口秀式"图书短视频的重点是出镜人的语言，出镜人的语言质量决定视频质量。吸引受众保持注意力便需要语言幽默，让受众迅速"入戏"并于五分钟内理解短视频主旨则需要语言凝练，所以发布的"脱口秀式"图书短视频必须具备凝练幽默的语言。

（3）把握尺度，迎合而不媚俗

对于华东师范大学出版社图书短视频内容制作上，融合热点很重要，但前提一定要明确图书主题的地位，避免为了蹭热点而宣传图书，而应该为了宣传图书迎合而不媚俗地融入热点因素。

2. 短视频内容制作风格及要点策划

华东师范大学出版社发布的图书短视频可从四种内容制作角度进行，后续工作中这四种角度内容及要点如下。

（1）脱口秀类型

① 主持人人选的确定。主持人是脱口秀短视频的形象代表，选择一名在业界有名望有一定粉丝基础的主持人，并需重点考量其口才。此外，主持人的知识积累也很重要。

② 话题切入点的选择。图书短视频的主要目的是宣传图书，脱口秀节目是给观众视听享受，在观众享受节目的同时不露痕迹地将图书推荐出去是脱口秀类图书短视频要达到的目标。短视频一开始就生硬地宣传图书会弱化节目脱口秀的意义强化节目广告的痕迹，策划时应在受众被主持人的观点吸引进去之后逐渐地加入图书宣传内容，从而引导着受众关注图书信息。

③ 拍摄剪辑技巧的运用。脱口秀类短视频出镜人通常只有一位，为了避免观众持续观看同一人时易产生的疲惫感和注意力分散，在镜头上需要多机位的配合，特写、近景、中景、全景交互，正面机位和侧面机位合作；在剪辑上运用恰当的背景音，通过音乐的变化提醒受众注意力的分配、辅助受众更快地代入主持人所创设的情

境当中。

（2）动画类型

① 动画风格。动画风格的确定需要考虑图书主题风格，包括动画的色调、音乐、节奏。动画色调是受众点开视频后最先感受到的，受众在还未观看短片时就有了一定的心理暗示，色调为受众营造观赏气氛，比如暖色系适合文艺类、爱情类图书，冷色系适合观点性强、思想性强的图书，受众看到色调就会迅速知道自己应该以怎样的心态去接受信息。动画音乐在为受众提供听觉享受的同时，影响受众的观影心境，辅助受众迅速"入戏"，比如旅游类图书，舒缓的音乐适合休闲类的图书，紧张的音乐适合探险类图书。动画节奏应与读者观看图书时的心理紧张程度一致，如玄幻冒险类小说应采取快节奏的画面切换。

② 动画形象。漫画类的图书很好确定动画形象，漫画中的形象直接体现在宣传短视频中即可。爱情类的图书确定动画形象需要参考书中对主人公的客观表述将文字转换成图像，而且动画化的人物形象要符合大众的审美，因为看过宣传短视频的受众在阅读图书时会自动将动画形象带入图书中，不符合受众审美偏好的动画形象会影响受众的阅读体验。没有明确人物形象的图书，动画形象设计的选择面更宽，可以卡通形象、可以动物形象、可以人形，这个出现在动画短片中的形象将作为一名指引者带领受众发现图书、购买图书，形象可以千变万化但是一定要与图书的风格一致。

（3）情节短剧类型

① 演员的甄选。青春励志类故事集制作的情节短剧中大多会有作者出镜，若作者属于自带流量的明星作家，出演宣传情节短剧自然会引起关注扩大图书的宣传效果。非明星作家的图书短视频中选择演员则需要考虑演员的个人气质，演员的个人气质一定要与书中

角色相近。

② 情节的设计。故事集类的图书可以直接将书中的情节简化做成情节短剧，而没有戏剧冲突的图书在制作情节短剧时需要情节设计的创新。设计情节可以从图书给人带来的影响着手。如生活服务类图书，情节设计为主人公在看了这本书后学会了很多东西，生活发生了很多改变，但是在情节上一定要有冲突性，人物的语言要幽默，这是一支宣传片不是广告，所以不能很明显地告诉受众"我是来卖书的"，而是要在受众看到最后才发现"居然是一条广告"。

"主打情节其次广告"不会让受众有不适感和突兀感，然后接受了广告的存在。

（4）电影预告片类型

① 结构安排。图书的电影预告片式宣传短片要让观众看见书内精彩片段却不透露主要情节，吊足观众的胃口才能促使观众购买图书。

② 剪辑技巧。预告片节奏需要遵循张弛有度、快慢结合的规律，因为节奏太快观众抓着不住重点，节奏太慢观众注意力难以集中。预告片剪辑中合理使用黑场过渡效果，镜头间快速的切换和黑闪为短片营造了紧张的气氛，不连续的场景吸引了观众的探索欲。

③ 内容元素。图书电影预告片式短视频需要包含的元素有：作者、出版社、上市时间、购买渠道、书中重要文字以及精彩镜头和画面。

④ 镜头选取。预告片的作用就是让观众迅速对图书产生兴趣，需要呈现给观众具有视觉享受和视觉冲击的画面，同时镜头选取不必全部都是大场面镜头、特效镜头，情节激烈的镜头和舒缓的镜头交替出现才能为图书宣传带来更好的视听效果。

拓展练习

请根据短视频类产品运营策划要点，在参考华东师范大学出版社图书短视频类产品运营策划方案的基础上，制定一个华东师范大学出版社古籍类图书微信视频号运营策划方案。

具体要求如下：

1. 需要包括背景分析、目标用户、产品分析、运营策划四方面内容；

2. 背景分析部分需对产品进行总体背景分析；

3. 目标用户部分需针对产品的目标用户进行详细分析；

4. 产品分析部分需对产品的功能进行总体性分析。

任务小结

1. 本任务基于运营策划要点，在分析同类产品的基础上打造了华东师范大学出版社图书微信视频号运营策划方案。

2. 策划方案从短视频内容策划要点、短视频内容制作风格及要点两个角度，对华东师范大学出版社的图书短视频产品进行了总体性策划。

3. 短视频营销要点包括注重标题、封面、背景音乐、内容、发布时间等。

任务四　数据库出版模式营销

背景介绍

数据库是重要的数字出版产品之一。数据库出版则是一种历史悠久、极具生命力的数字出版模式。甚至可以说，在数字出版的概念产生之前就已经有了数据库出版的实践。谢新洲教授在《数字出版技术》一书中对数字出版的源头进行了追溯，他认为"美国麻省理工学院的巴格利利用该校的旋风（Whirlwind）计算机检索代码对文摘进行的可行性研究"可以看作数字出版的萌芽。这种研究和尝试导致了所谓"电子出版物雏形"的诞生，例如美国匹兹堡大学卫生法律中心建立的全文法律信息检索系统。而具备完善的检索系统，提供便捷的检索功能正是数据库出版的一大特色之一。

美国等发达国家是将数据库出版作为信息服务产业的一个重要组成部分的。诞生伊始，数据库出版就显示出了强大的生命力，并逐步走向商业化、产业化，在国家经济建设中发挥着重要作用。以美国为代表的发达国家早已经形成了可观的数据库产业。随着社会的飞速发展，对信息的需求量大量增加，作为第三产业中信息服务产业重要组成部分的数据库产业，也占据着越来越重要的位置。其年产值还在以每年的速度增长，数据库产业在国民经济中所占的比例越来越重。

任务描述

　　某公司需要为华东师范大学出版社打造学位论文数据库产品营销策划方案，这款产品是能够汇集大量条目数据，为用户提供知识服务的数字内容产品。通过该产品，用户可以获取高校学位论文资源，以满足学术等方面的需求。请在调研分析同类产品特点的基础上，完成该营销方案。

学习目标

1. 知识目标

（1）简述数据库出版的定义与数据库出版模式；

（2）简述数据库销售模式和数据库出版商特点；

（3）简述数据库模式的服务要点；

（4）了解数据库产品的收入模式。

2. 技能目标

（1）能够调研分析数据库产品销售模式特点；

（2）能够进行产品总体分析，确定产品定位；

（3）能够确定产品质量策略、服务策略、价格策略；

（4）能够根据产品的特点制定数据库产品运营方案。

任务分析

（一）施普林格

施普林格出版社于 1842 年在德国柏林创立，作为全球领先的科学、技术和医学出版机构，施普林格出版集团拥有超过 2900 种期刊和 29 万本图书，为作者、客户和合作伙伴提供无与伦比的资源，是世界最大的私营科学出版社之一。

1. 与信息技术公司合作

首先是与功能强大的搜索引擎公司的合作，这种合作也是互联网时代的一种营销方式——拉动式网络营销。2006 年 10 月，施普林格与谷歌建立技术合作关系，用户通过谷歌可以检索到 SpringerLink 2.0 中相关文献资源。2006 年，SpringerLink 2.0 平台的全文下载量比 2004 年增长了 300%，2007 年第一季度全文下载量甚至与年全年持平。至此，谷歌成为最大的访问者来源。

2. 与产品用户直接合作

在个人用户方面，施普林格与读者携手，共同举办一些创新学术活动，成立学术社团组织，通过这种合作，施普林格既能使自己的数据库产品更好地融入读者的学习生活当中去，也能更好地理解用户的行为，了解他们的需求，指导自身更好地进行产品和服务设

项目五

计。而针对图书馆、研究机构等团体用户，施普林格的合作手段比较丰富，如与提供数据库与馆藏资源的无缝链接；举办学术研讨会，促进国内外图书馆交流沟通；积极参与图书馆的教学研究项目，并对个案进行科学分析；提供各种统计分析，如用机构用户成员或学生对某一数据库的使用数据分析报告、评估工具，为用户在进行科研创新和制定发展决策时提供数据支撑等。

3. 创新和尝试新的出版模式

施普林格在内容发布方面，不断创新出版模式。

优先数字出版，也称是指以互联网、手机等数字出版方式提前出版印刷版期刊或图书的内容。施普林格的期刊优先数字出版项目名为 Online First。施普林格不止进行期刊的优先出版，还涉足了图书优先数字出版，坚持其专业化，特色化路线，将电子图书的重点放在 IT 领域。

开放存取并提倡任何人都可以及时、免费、不受任何限制地通过网络获取各类文献，这种出版模式非常重要的特点即为"作者付费发表论文，读者免费获取论文"。施普林格是商业数据库出版商中第一个认可并支持这种商业模式的出版企业。

（二）爱思唯尔

爱思唯尔作为全球最大的科学、技术和医学出版商，始终将市场定位于全球，其代表性产品包括 Science Direct、Scopus 等全文期刊数据库和二次文献数据库。其全球传播经验证明，学术期刊数据库不但可以盈利，还可以实现巨额盈利。这些都要归功于爱思唯尔的创新理念与成功的全球运营。

1. 学术信息的整合策略

顶级学术信息是爱思唯尔学术期刊数据库运营链条的源头，其影响因素包括全球顶级学术信息的数量和质量。爱思唯尔为此建立了全球学术信息采集网络，包括其全球范围内的数量众多、覆盖广泛的采集站点，如编辑部、发行站、分社等，其雄厚的国际学术信息采集能力便得益于此。爱思唯尔在全球24个国家拥有7000多名员工，产品在180多个国家销售。这遍及全球的海外分支机构通过高效的运转为爱思唯尔的全球学术信息采集工作发挥了基础性作用，他们不仅最大限度地贴近当地顶级学者，也能在第一时间获取当地最新研究成果，还将爱思唯尔的最终产品——学术期刊数据库在当地进行高效迅捷的传播与营销。

2. 全球营销策略

爱思唯尔对其学术期刊数据库的经营着重体现在品牌意识强、策略多、语言多元化等方面。首先，爱思唯尔为提升其学术期刊数据库的品牌知名度，聘请了众多知名学者担任其学术期刊的编辑或编委，生产顶级的学术信息，提升爱思唯尔的品牌知名度、认知度与忠诚度。其次，爱思唯尔采用多元化的营销策略。爱思唯尔早在20世纪便已开始数字化转型，将传统营销与网络发行渠道结合在一起，并通过与各国出版企业或其他媒体展开广泛合作的方式扩大产品输出，提高其国际影响力和知名度。再次，爱思唯尔学术期刊数据库还通过数字化方式，直接面向用户展开垂直营销。最后，爱思唯尔还通过多元化的语言，根据当地实际，发行"地方版"。

3. 满足用户需求的策略

满足用户需求是爱思唯尔学术期刊数据库全球运营的动因，也是其能够实现全球运营与传播效果的根本。在大数据时代，爱思唯尔已经比很多出版商更早地学会根据数据来服务与满足用户需求，成立处理大数据的专门机构，根据数据进行各项决策，将分析和处理结果应用于其全球运营之中，最终实现了其学术内容在国际范围内的持续增值。可以说，满足用户需求是爱思唯尔全球运营模式中最为核心的部分。爱思唯尔一直在努力为其全球用户提供各种使用便利，由此，用户的体验与需求的满足贯穿了爱思唯尔学术期刊数据库全球运营的整个过程。爱思唯尔把高科技手段和优质内容结合起来，提供高品质的信息解决方案，既保证了信息的实用功能，又满足了全球学者的特定需求。

| 知识准备 |

（一）数据库出版的定义

数据库出版是指运用数据库技术为主的多种技术，借助计算机或者类似设备，将零散的独立作品、数据或其他材料经过系统或有序的编排，存储在磁、光等介质中，并最终形成可通过计算机或者类似设备单独加以获取的数据库产品的出版活动。

数据库出版包含了以下几个要素：一是高度的技术关联性，充分应用了数据库技术为主的多种技术，并且每一次相关技术的变革都会给数据库出版产生影响；二是数据库出版的产品是数据库本身，人们可以通过高效、快速的检索方法，便捷地使用数据库产品中的信息资源；三是数据库产品的制作和最终的获取必须借助计算机或类似设备；四是数据库出版一种集成式出版。数据库出版对零散的独立作品、数据或其他材料进行系统或者有序地编排后存储起来，数据库产品一般拥有海量的内容。

（二）数据库出版模式构建

数字出版商业模式的价值实现流程主要包括四个核心要素：受众需求、数字产品或服务（业务形态）、销售渠道、利润获取。

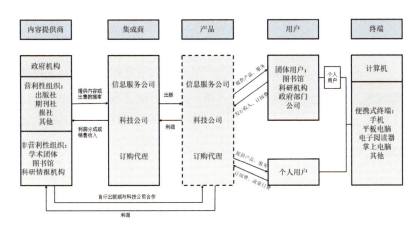

在这示意图中，内容提供商和集成商是数据库出版的主体；图中也展示出了数据库出版提供的有竞争力的产品或服务（即数据库产品和服务）、明确的产品服务对象（即团体用户或个人用户）以及合理的收入来源。从这幅示意图中，我们能够清晰地看到数据库产品、信息和服务的流向，以及资金的流向。内容提供商将原始、分散的内容，或者将进行过简单加工，形成的数据库提供给集成商，从而获得利润分成或者销售收入。集成商如果得到的是原始、分散的内容，那么就需要进行集成、加工，并进行一些技术处理，使其成为能够进行检索和提供服务的数据库产品。如果集成商本来获得的就是较粗放的数据库产品的话，那么就只需进行技术处理，使其能够提供检索等各项服务。集成商通过将数据库产品出售给团体或者个人用户，或者提供基于数据库产品的服务获得利润。

产品和资金还有另外的走向，内容提供商如果技术实力雄厚，可以自己生产出版数据库产品，如果技术薄弱，则可以与科技公司合作生产数据库产品。

对于磁带、磁盘和光盘数据库这类封装型，有实物的数据库出版物，出版商的主要收入来源就是发行收入、提供检索和文献传递获得的服务而在网络数据库时代，收入模式从单一走向多元，并且针对团体用户和个人用户，数据库出版商的收费方式也有很大差异。

总体看来，既有基于数据库产品的一次销售收入，还有二次销售收入，即广告收入模式和版面费、论文处理费收入模式，以及三次销售收入，即会员费，赞助费，增值服务费等，以及举办会议、活动、展览和产品授权的其他收入模式。

（三）数据库销售主要模式

数据库销售以 B2B 模式为主。数据库出版发展之初，就是销售给团体用户的。团体用户主要包括图书馆、科研机构、政府机关和公司企业等。其中图书馆又可以细分为高校图书馆、公共图书馆、研究机构图书馆以及由图书馆组成的联盟。特别值得一提的是图书馆组成的联盟，如我国的中国高等教育文献保障系统等，他们在购买数据库产品时具有很强的议价能力。在面对国外励德爱思唯尔等数据库出版巨头的涨价风波时，也是这类联盟出面协商和沟通的。

虽然随着互联网技术的发展和个人计算机的普及，用户阅读习惯的变化，加之团体用户市场竞争激烈，趋于饱和，数据库出版商自身定位的转变，如定位为信息服务提供商，知识服务提供商或者解决方案提供商等，数据库出版商开始重视其个人用户这一"长尾"市场，个人用户的比重呈现逐步增长的趋势。但是团体用户，特别是高校和大型公共图书馆的购买资金稳定，购买力相对较强，仍然是数据库出版商的主要销售对象。

（四）数据库出版商特点分析

目前，数据出版商的主要责任不再是单纯地进行数据的堆积，而是理解用户的目标、想法和工作模式，化解用户的困扰，帮助用户筛选数据，快速准确地找到有价值的信息，让数据库平台成为提高用户效率的工具，帮助用户节省时间的手段。一言以蔽之，用户比资源更加重要。

在这一形势下，网络数据库出版商纷纷重新进行定位，从前一阶段的提供文献服务转向提供知识服务。他们积极参与用户知识生产、创新活动，与用户资源管理者（图书馆）合作，共同面对知识服务模式的变革。

网络数据库出版商在知识服务上的实践主要包括两个方面：提供个性化信息服务和提供信息解决方案。其中，个性化信息服务是在了解用户的个性化需求的基础上，提供针对性的服务。提供信息解决方案是数据库出版商根据用户的特定需要，利用多功能分析工具对检索结果中的内在知识关联进行分析，协助用户在工作中做出判断或者决定，为特定的问题提供可能的答案。

（五）数据库服务要点分析

1. 内容品质化与专业化

是否拥有海量的内容是早期数据库出版商能否在竞争中制胜的

一个必要条件，所以数据库出版商都很重视产品和内容资源的规模化。这也是在数据库发展的成长阶段中，数据库数量激增，容量增大的重要原因。

而随着社会信息产业不断地向纵深发展，数据库出版商开始意识到，当大家都拥有海量的内容时，数量已经不能让他们在竞争中占据多大的优势了。他们必须寻求转变和突破，在追求拥有资源海量的同时，实现资源从规模到品质的转变。

在资源量扩张的同时，数据库提供商并没有陷入内容同质化的恶性竞争中，而是充分挖掘细分市场的需求，提供差异化的专业产品与服务。各大数据库出版商都十分注重突出专业化特色，保证自己在某一专业领域的绝对领先和权威地位，如爱思唯尔的生命医学、施普林格的数学和物理学科、约翰威利的材料科学等。

与此同时，数据库出版商提供商把资源品质视为其核心价值，加强对论文质量的控制。另外，网络数据库的日益普及使论文稿源增多，对筛选高质量论文也大有裨益。

2. 开放性和互动性

以爱思唯尔为例，为了帮助用户实现对学术资源最大限度地挖掘和使用，增强用户与期刊之间的互动和使用黏度，全方位满足用户需求，爱思唯尔围绕高端的内容资源开发出了各种数字化产品。爱思唯尔采用基于最新语义网技术的 Reflect（反映），这项技术可以自动标注论文中的科学术语，集中展示来自多个常规生命科学领域数据库的内容资料。之后，为了增强论文的可视化，提高作者科研探索的成效，使他们与内容的互动更为高效，爱思唯尔还将谷歌地图引入在线期刊库。这些在线解决方案和产品可以有效促进科研人员对内容资源的获取速度和效率，共建学术出版的创新社区。

很多数据库在他们提供的个性化服务中也融入了这些理念，如设置收藏共享，让有共同研究兴趣的用户分享资源；提供基于标签的收藏管理等。

3. 服务方式多样化

数据库出版商定位于知识服务商之后，针对团体用户下的个人使用者和个人购买用户，以及团体用户中的管理成员，都提供了许多个性化和智能化的服务，主要包含定制服务和存储服务两大类。

定制服务是指用户向系统输入自己的信息需求，这包括用户的个人档案信息、用户感兴趣的信息主题等，然后由系统或人工进行有针对性的搜索，最后定期将有关信息推送给用户。因为定制服务中的很多是用户定制后，借助于电子邮箱、或其他方式进行信息推送的，所以也有很多学者将这类服务称为推送服务或定制推送服务。

存储服务是指数据库系统通过一定的技术手段，为用户开辟一定的存储空间，帮助用户保存下操作过程中对自己有用的信息。

（六）数据库收入模式分析

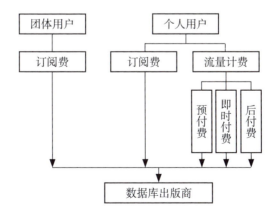

发展到目前阶段，数据库收入模式由单一走向多元，既有基于产品的一次销售收入模式，也有基于服务等的二次销售收入模式等。只不过不同性质和背景的数据库出版商在收入模式上会有所偏重。施普林格和爱思唯尔这样的营利性公司会偏重基于产品的一次销售收入模式，这样它们才能获得丰厚的利润。而非营利性的数据库出版商则会以二、三次销售收入为主，如广告费、赞助费和论文版面费、审理费等。

1. 一次销售收入模式

数据库出版商针对团体用户和个人用户，收费的模式是不一样的。

对于团体用户，主要是收取订阅费。订阅费也是一种预付费模式。针对个人用户，有订阅费和流量计费两种模式。订阅费的模式在图书数据库和大众期刊类数据库中比较常见，超星图书就可以提供包月订阅，龙源期刊网的用户则可以选择订阅某一份期刊一个季度、半年或者一年。

2. 二次销售收入模式

二次销售收入模式是指出售版面费以换取收入的模式。数据库出版商既可以将版面出售给广告主发布广告，也可以将版面卖给作者以获得论文版面费或者处理费。

广告收益模式，也称"第三方"赢利模式，即凭借免费的数字内容吸引受众，最终通过网络广告和其他收费的增值服务获得收入。比如我国的万方和维普都提供广告服务，维普网还特别整理出了适合在自己的平台上发表的广告形式，如期刊征稿广告、教育培训招生关高、会议会展广告和企业品牌推广广告等。而国外数据库出版商在广告收入模式方面更为健全，有多种广告形式，如网站横幅竖幅广告、关键字赞助、直邮广告等。

3. 三次销售收入模式

三次销售收入模式是指数据库出版商利用自身的品牌影响力来获得赞助、开发附加产品以增加销售收入的模式。

增值或衍生产品收入。如在便携式终端普及，人们养成通过手机等阅读的习惯后，2017年推出了知网的"全球学术快报"APP这一衍生产品。知网的"全球学术快报"APP的内容很丰富，主要是按学科、专业分类，如出版学术周报、图书情报与数字图书馆周报等。

此外，数据库出版商还可以通过举办会议、培训、展览等活动来增加收入。

任务实施

数据库出版模式营销方案

（一）背景分析

如今，我国的数据库产业更是呈现出百花齐放，百家争鸣的局面。在期刊数据库方面，是中国知网、万方、维普、龙源四足鼎立的局面。在图书数据库方面，则是超星图书、书生之家走在了前列。其他一些法律、医学、专利数据库等数据库也表现出良好的发展势头。

（二）目标用户

华东师范大学出版社学位论文数据库针对有学术需求的人群，满足各类需求。3亿多篇中外文文献，内容涵盖理、工、农、医和人文、社会科学以及经管等各个学科领域。与爱思唯尔（Elsevier）、施普林格（Springer）、威立（Wiley）、泰勒佛朗西斯（Taylor & Francis）、爱墨瑞得（Emerald）等国际知名的出版集团和学术出版社进行版权合作，整合出版数百个重要数据库，囊括中国90%以上的知识信息资源，完整收录中国期刊、博硕士论文、报纸、会议论文、年鉴、工具书、百科全书、专利、标准、科技成果及法律法规等各种资源。

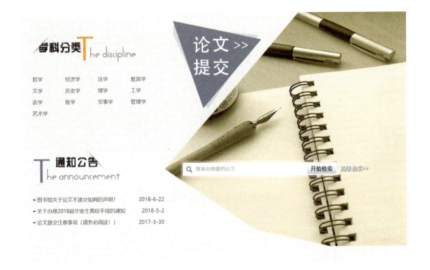

（三）产品分析

华东师范大学出版社学位论文数据库拥有最新最全的知识资源总库，积极建设知识资源的深度开发，为全社会提供资源共享、数字化学习、知识创新等各方面的知识服务，日更新文献量达5万篇以上。软件可以提供强大的检索功能和优秀的阅读体验。云服务功能可以实现用户数据同步到多种其他设备；在我的图书馆功能中，用户可以根据自己的偏好，关注学科、作者、期刊的最新动态，也可以定制复杂的检索式；关联机构为机构用户提供更加丰富的服务；用户可使用网页账号进行登录，在华东师范大学出版社学位论文数据库网页已购文献，APP 再次下载时免费。

（四）营销策划

1. 产品质量

（1）产品全面化

继续发挥华东师范大学出版社学位论文数据库覆盖社会各学科的全面优势，加大论文的收录范围，尤其对于不断更新推出的重点学科论文更要紧密合作，确保数据库收录内容全面、质量一流。

（2）产品专业化

以学科分类为特色，保证华东师范大学出版社学位论文数据库各个知识分类体系的专业化特色，形成特点鲜明的专业数据库子库。例如，农业学类的专业化选题，突出信息的全面、精准与及时，满足用户深层次挖掘农业知识信息的需求。

（3）产品标准化

使用符合国际通行标准的标引格式和检索格式，确保数据库的标准化、通用性和数据的准确性，有利于产品在国际市场上的推广和各地区用户的使用。

（4）产品更新快速化

因为学位论文数据库的数据是动态的，华东师范大学出版社学位论文数据库更新周期短有助于用户及时掌握最新的知识信息；检索软件升级迅速有助于用户实现更完善的检索；更新速度快也是数据库类产品赢得市场竞争优势非常重要的因素。

（5）产品国际化

华东师范大学出版社学位论文数据库采用多语言架构，以适应国际市场的不同语言要求。目前学位论文库的知识网络服务平台支持中文简体、繁体以及英文等语言架构，这些都为中文信息资源在海外的推广创造积极便利条件。

（6）产品加工精品化

华东师范大学出版社学位论文数据库加工工作量繁重，扫描、标引、合成、质检等各个环节直接关系到最终数据的准确性，建立严格的质量监控体系是必要的。

（7）产品提供方式多样化

以多种途径给客户更多的选择，华东师范大学出版社学位论文数据库在原有光盘、镜像、包库及流量计费等服务模式的基础上，充分利用互联网、广播电视技术、移动技术、传统的纸质印刷品等先进手段扩大服务的范围和方式。

2. 产品服务

（1）提高对服务工作重要性的认识

充分认识到服务对于数据库产业的重要性，真正树立以人为本、顾客至上的经营理念，转变"重销售轻服务"的传统观念，把服务放在第一位，把服务用户、满足用户需求作为营销工作的核心。

（2）增加服务内容、改善服务质量

经常为消费者举办技术讲座、进行宣传培训、解决用户使用中出现的技术问题，妥善处理用户的投诉，进行产品使用跟踪，这些都是技术层面上的服务；同时，还应加强满足目标市场要求的保障能力，提高售前、售中、售后全过程和试用、安装、维护等各个具体环节的全方位服务，保证数据的正常更新与维护。

（3）与用户保持顺畅良好的双向沟通

数据库的价值关键还在于通过应用来体现，中端的使用者也许并不知道更多的价值在哪里，这就要求华东师范大学出版社学位论文数据库在产品的销售与推广过程中通过连续的沟通、培训宣传等手段扩大宣传，促进应用。今天的用户对数据库产品的期望价值越来越多地包含了其所能提供的服务、企业人员的素质及企业整体形象的"综合价值"。

3. 产品价格

（1）维护品牌形象，保持国内统一、稳定的市场价格

数据库产品与其他的商品不同，用户关注产品的性能、质量及服务，而价格并不是最敏感的因素。华东师范大学出版社学位论文数据库稳定统一的市场价格是产品信心的表现，能给用户带来更多的信心和品牌的忠诚度。

（2）改善产品的质量、性能，提高性价比

随着学位论文数量的增加，数据库本身的功能在不断完善和提高，产品的附加价值也在增加；随着数据量的增加，价格保持稳定，本身就是一种"隐性"的降本。

（3）深入理解价格体系，灵活运用使用模式、开发用户数量

要针对客户的情况，充分利用价格上的变化因素，给用户提供切实可行的报价，在价格和数据量上做文章，充分利用华东师范大学出版社的优势。

（4）价格之外的优惠政策

针对老用户免费赠送光盘数据，免费让用户使用；针对大客户，免费赠送"跨库统一检索平台"。

（5）恰当运用价格折扣策略

目前企业通用的三种价格策略有商业折扣、数量折扣和现金折扣。对华东师范大学出版社学位论文数据库来说，可采用数量折扣，主要用于吸引集团购买或者大宗购买。

拓展练习

请根据数据库产品特点，参考华东师范大学出版社学位论文数据库产品运营策划方案，制定一个中小学试题数据库产品营销策划方案。

具体要求如下：

1. 需要包括背景分析、目标用户、产品分析、营销策划四方面内容；

2. 背景分析部分需对产品进行总体背景分析；

3. 目标用户部分需针对产品的目标用户进行详细分析；

4. 产品分析部分需对产品的功能进行总体性分析；

5. 营销策划部分包括产品质量策略、产品服务策略、产品价格策略三个方面内容，需要收集并整合行业资料，针对中小学试题数据库产品特点，打造营销策划方案。

任务小结

1. 基于策划要点，在分析同类产品的基础上进行了华东师范大学出版社学位论文数据库产品营销策划。

2. 数据库销售以 B2B 模式为主。

3. 数据库服务要点包括内容品质化与专业化、开放性和互动性、服务方式多样化。

任务五

基于直播的产品运营

背景介绍

网络直播在 2016 年得到爆发式的发展，大量网络直播平台涌现，出现井喷式的增长，直播人数也有大幅增长，90 后和 95 后成为网络直播平台的核心用户。网络直播平台颠覆了传统的信息传播方式，开启了传播信息实时互动的新里程，网络直播的这一特性也逐渐受到电商平台的追捧。从战略布局角度出发，直播不仅仅是电商平台进行品牌营销的手段，更是一种基础设施建设，国内头部电商平台都将直播作为标配。

直播最大的特点在于实时交互，这恰为转型中的出版业注入了营销新活力，出版业的目的就在于连接作者和读者，传播优质文化内容，直播即为绝好的交流工具，极大地拉近了作者和读者的距离。国内各出版机构也看到了直播的优势，人民文学出版社、江苏凤凰文艺出版社、机械工业出版社华章分社、浙江少年儿童出版社、人民出版社等都纷纷进行了直播活动营销，其中人民文学出版社和机械工业出版社华章分社早在 2015 年就进行过出版直播的试水，取得了一定的成绩。2020 年疫情期间，30 余家出版社出版了 100 余种与抗疫有关的图书，也配套进行了一些直播活动，直播内容边界的探索和业务的扩展成为它们思考的新内容。

任务描述

　　某公司需要为华东师范大学出版社打造基于直播的产品运营策划方案，该方案需要针对直播类型与次数、直播平台、直播营销要点进行总体性分析与策划。华东师范大学出版社希望通过直播开展各类线上活动，从而促进图书销售、出版社与读者沟通，提升读者兴趣。请在调研分析同类产品营销特点的基础上，完成该策划方案。

学习目标

1. 知识目标

（1）简述网络直播营销的基本模式；

（2）简述网络直播营销的传播优势；

（3）掌握网络直播品牌营销的策略；

（4）了解出版单位基于直播的产品运营做法。

2. 技能目标

（1）能调研分析基于直播的产品运营特点；

（2）能够进行产品总体分析，并进行比较；

（3）能够进行直播类型与次数、平台直播、营销要点策划；

（4）能够根据产品特点制定基于直播的产品运营策划方案。

任务分析

| 产品分析 |

（一）抖音 APP

2016 年 9 月，抖音短视频通过今日头条正式上线。在抖音短视频稳步发展的这个阶段，抖音主要是通过 APP 平台吸引更多的音乐达人，通过平台上传内容好看、资源丰富的短视频素材。在抖音界面，用户能够实现分发视频，在首页中通

过搜索"附近"满足自己的多元化需求，深层次地彰显了抖音短视频的社交属性。2018 年，《百万英雄》有奖问答正式出现在抖音首页，凭借着低成本流量取得了大众的青睐，巩固了自己在这个领域的霸主地位。与此同时，抖音联合汪峰、陶喆等上百名音乐人共同打造原创音乐，并在我国积极寻找喜欢创作、自由的音乐人，并为其提供可以展示自己才华的舞台。

1. 前期精准的产品定位

抖音 APP 能够在快手、美拍以及秒拍这些短视频中后来居上成为行业的翘楚并非偶然，主要是因为产品定位准确，将年轻人作为主流客户培养，满足了现在年轻人走时尚潮流路线而且喜欢自我表达的心态。

2. 优良的产品设计

抖音 APP 在设计短视频界面时，将视频清晰度以及尺幅作为重点考虑因素，保证用户在使用过程中收获完美的体验。

3. 视频内容丰富多彩

现阶段，抖音短视频中比较受大家喜欢的视频种类为：生活百态、娱乐搞笑、才艺、宠物、原创音乐等。通常靠近生活的短视频很少会进行详细的后期处理，充分保留了其具有的生活性，让大家产生更加强烈的情感共鸣。

4. 多圈层嵌套的裂变式传播

抖音短视频内容应用多圈层嵌套的裂变式传播形式，其在传播短视频的过程中，首先是通过平台与观众、观众与观众之间彼此进行的围观式传播以及链状传播后，通过外界环境的因素形成一种中心裂变的传播，同时在抖音平台内垂直细分化，让用户的抖音短视频形成一个独特的兴趣圈，从而形成一个圈群式的传播模式，使得更多的用户可以在同一个圈子或者在多个兴趣圈子中，通过多种不同圈子的沟通形成圈与圈之间的嵌套式传播，最终实现整个互联网平台的传播。

（二）淘宝直播

淘宝直播利用视频直播的方式，主播在直播间全面介绍商品，并与收看淘宝直播的用户借助弹幕、连线等途径即时沟通交流。淘宝于2016年3月在自己的APP内设立了淘宝直播版块进行试运营，秉持主播为中心的理念，开始逐步培养淘宝主播团队。随着淘宝直播影响力的扩大，淘宝直播的独立客户端正式上线。随后"村播计划"、"启明星计划"等项目陆续启动，这些活动不仅为淘宝直播吸引了更多流量关注，获取了颇高销量，更获得了社会较高的美誉度，得到用户的认可。在淘宝直播负责人赵圆圆看来，"三年结束，皆为序章"，淘宝直播就是大势所趋，淘宝直播在这一行业的未来三年还将带动 5000 亿元规模的交易。

淘宝直播特点包括：商品价格低廉，直播直接由厂商和主播或者其所在的公司对接，减少商品供应链环节，从而降低成本，由于直播卖货越多，平台抽成越多，平台会给卖货好的主播更多优惠券，从而降低消费者得到的最终价格，消费者会选择再次购买，成交量增加，价格再次降低，由此形成良性循环；建立了消费者和产品和主播之间的互动平台，直播采用实时互动的形式针对性地对产品进行讲解、试用，帮助消费者全方位了解产品；缓解了距离带来的购买不便；淘宝本身的品牌效应使得淘宝直播更加引起消费者的注意，且由于淘宝的客服系统比较完备，更多的消费者愿意相信淘宝直播，推动直播发展。

| 知识准备 |

（一）网络直播营销模式

网络直播平台作为新一代的娱乐社交平台，呈现吸粉快、吸睛快，极大地满足着用户的窥探欲和好奇心。以其特色的传播特点飞速发展中。正在从一个秀场模式、网红爆发的平台，逐渐发展成为

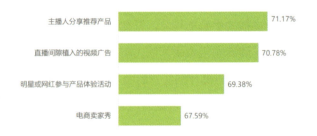

2017年中国网络直播用户关注直播营销模式TOP4

一个聚集大量明星、电商、快销品、大众商品、3C 等产品的品牌营销平台。各大品牌开始认识到网络直播的红利，纷纷入驻网络直播，开启了他们的网络直播品牌营销之路。在各大品牌纷纷开启的"网络直播＋品牌营销"的新模式下，品牌营销基本可以划分为以下六大模式。

1. 网络直播＋明星

网络直播具有难以估量的强大的导流能力，可帮助品牌迅速实现营销效果，在网络直播中，首先是一些草根在玩，慢慢发展到很多一线大牌明星的参与，从最初的没有专业的内容策划团队、公司参与到后来能够有背后强大的专业内容制作团队的支持使网络直播逐渐走向成熟化、正规化，有了资金和团队的支撑，产出的传播内容比之前要更加考究，层次上也达到了比较高的水准，质量上有了质的飞跃。明星大咖的加入能迅速抓住用户的眼球，产生轰动的传播效应。这种营销方式具有很强的导流能力，能够帮助品牌提升真实有效的销售转化量。邀请明星参与直播是一项需要强大的资金支持的活动，明星加入品牌营销可以增加网络直播的可控性，确保传播效果达到理想目标。明星大咖具有自带流量的属性，选择与品牌属性和风格相关的明星加入网络直播营销活动是保障营销活动不会偏差太多的最稳妥手段。

2. 网络直播＋发布会

网络直播发布会与传统的发布会存在着明显的差异，发布会的地点不再选择那些高档、奢华的会所、酒店等，有的仅是在小小的会议室或者办公室就能完成一次新品发布，在这之前可能会花费高额的费用在场所和嘉宾的宴请、招待上，而在网络直播中，省去

了很多花费，能够帮助品牌减少支出，降低营销成为，最终让利消费者，获得更好的口碑和传播效果。网络直播中能够与用户保持实时沟通交流，能够及时听到用户反馈，用户的参与感得到极大的满足。网络直播+品牌发布会逐渐成了比较常见的品牌营销模式，无论是华为 P9 的发布会还是小米、罗永浩等的新品发布会，他们在网络直播上开启的发布会并不会比在传统媒体上的效果差，每次都能够吸引百万级用户的观看，很多用户成了品牌的忠实粉丝，对品牌的活动和动态开始持续关注。

3. 网络直播 + 个人 IP

与精美的广告宣传片和海报相比，网络直播营销的最大魅力在于真实性和实时互动的属性。用户想要探究屏幕背后的真相，与之深入地互动，建立联系。个人 IP 本身就具有巨大的传播价值和品牌价值。粉丝基础和粉丝互动是成就个人 IP 的核心要素，也是个人 IP 能够商业化运作的关键，能够产生的价值无法估量。

网络直播营销需要依靠一种力量，这种力量可以从好的策划手段和方法中获取，也可以通过借助一种强大的力量获取，但是假若没有一种力量的支撑，而仅凭网络直播自身给予的话，效果很难实现理想的程度。网络直播营销是用户依据自身兴趣主动参与的行为，需要一种力量的驱动。个人 IP 是带有个性的态度和属性的，吸引的是相同兴趣的群体，这类用户在很多层面存在着一致性，对于品牌营销来说，可以根据个人 IP 找到背后的目标用户群体，通过对这类用户的详细分析，了解他们的喜好和习惯，并进行个性定制服务，可以帮助品牌达成精准营销的效果。

在具体的网络直播营销活动中，一定要找准目标，研究个人 IP 的属性和特点，了解粉丝群体的特性，进行专业性分析和考量，切不可盲目选择不匹配的营销事件和活动，否则可能产生不满，受到用户的反感。例如罗振宇就是因为《罗辑思维》而成为备受关注的公众人物，人们对他的认知首先就是因为他每日一条语音消息，讲述一本书、一个观点，喜欢他的群体基本上是一群喜欢学习知识，有一定文化素养的人。所以这次读书会的活动能够得到比较好的反响。

4. 网络直播 + 电商平台

网络直播的真实性特点是网络直播 + 电商模式的精髓，图片和售后评价已经不能满足用户对品牌的考量，真实性和对产品本身的探知是促使网络直播 + 电商模式迅速发展的原因。这种产品、服务的展示形式更加的立体、生动、真实，与其他的海报、或产品宣传片形式相比来看，网络直播的形式更加简单直接，是最接近真实的一种表达方式。推动品牌从产品引导购买转向内容消费。

5. 网络直播 + 内容营销

直播吃饭，直播睡觉，似乎一切都可以用来作为网络直播的内容，但是对于品牌营销活动来说，并非所有的内容都可以用来直播。

网络直播营销的内容必须是能够激发用户兴趣的事件活动。很多品牌营销以为有了网络直播＋明星的模式组合，就能获得营销的成功，但是真正能够提升品牌价值的营销活动一定需要强大的策划、创意能力，假若没有新意，很难吸引用户注意。

6. 网络直播＋深层互动

互动性强是网络直播精髓，这也是网络直播营销能够释放强大威力的原因。品牌营销传播注重与用户的深度互动，强调与目标用户群体的沟通，尤其在传播手段和沟通方式方面越加重视与用户交流的无障碍性、无距离感，在社交媒体时代用户比以往有了更多的信息发布渠道和更大的发言权，主要归功于这些多媒体发布工具和在线口碑网络。在社交媒体时代，出现了更多的社区、社群，他们组成了一个又一个的"小社会"。这些小群体有自己的沟通渠道，很多发声是围绕品牌展开的，他们的集体发声能够产生巨大的力量，令人意想不到的是，这些讨论有的正在塑造新的品牌，有的在重新定义现有的品牌，而有的可能是在摧毁某个品牌。

（二）网络直播营销的传播优势

1. 扩大宣传效果，降低营销成本

从来没有一种传播媒介，爆发出了如此强大的生命力，以其独特的魅力，在短时间内迅速聚集数亿的用户。同时还能够实现能够品牌、营销、用户、交易的一线式解决。传统的网络营销基本上属于将品牌营销与交易环节割裂开来，没能实现一站式购买。而网络直播时代实现了边直播边下单相统一的动态链条，减少了交易环节和商场或聘请店员的费用。同时还能实现与用户的互动，降低了品牌与用户沟通的成本，及时了解用户的偏好和态度，反推到生产流

程，引导未来产品的方向，使库存成本下降成为可能，使增强用户黏性，提升品牌附加值。

2. 展现真实信息，获取用户信任

直播具有实时性的特点，企业的信息以真实的状态呈现在受众面前，无法造假。网络直播能够传达品牌最真实、最及时的品牌形象和产品品质等，可以将生产、制作流程全方位展示给用户，这种传播方式最容易取得用户的信任，提升销售额。

3. 边直播边下单，实现盈利目的

网络直播营销不仅能够精准监测用户的阅读量和覆盖率等数据，还巧妙地链接到电商平台，实现了边看边买的一站式品效合一的营销目的，网络直播营销的实时性、互动性、真实性、娱乐性也成功地吸引力用户的注意力，符合"用户为王"的时代要求。近两年很多品牌都会举办很多线下活动，通过网络直播实时同步，能够在短时间内聚集大量用户，与此同时并没有增加运营的成本，却使传播效果呈几何式增长。

4. 深入交流互动，增强用户黏性

在网络直播时代，传统的主客体的界线变得模糊。在网络直播中每个用户都是独立的、平等的。主客体的关系也在不断地缩短沟通、交流的距离。这种近距离的互动能够增强用户的融入感和参与度，加深对品牌的理解和认识。

（三）网络直播品牌营销的策略分析

通过网络直播进行品牌营销，能够帮助品牌信息广泛传播，提

升品牌价值。同时，网络直播平台是一个成本低廉的新产品发布渠道。网络直播甚至把生产、传播、销售、反馈这几大流程汇集一体，无疑是优质的品牌营销平台。以网络直播平台具有的聚合信息的能力，可以提高品牌的其他网络渠道的点击率和浏览量，提升品牌营销的整体效果。当今众多品牌已经意识到网络直播的重要性，并逐渐增加在网络直播上的投营销投入，开展丰富多彩的营销活动为品牌做宣传，以此来配合其他渠道的品牌推广或销售，有的甚至把网络直播平台作为营销的主阵地。但是，盲目跟风的品牌营销越来越多，这些在资金、创意上投入不足的网络直播营销并没有收到满意的效果。网络直播的营销红利让很多品牌认识到这个媒介的重要性，但网络直播传播效果的好坏，不代表整个参与网络直播的品牌都能获得同样的传播量级。网络直播不仅是一个平台、一个手段、一个工具，真正核心的内容还是需要品牌自身的创造和积累。不仅要把握好传播内容的创意和方向，同时还要注意增强与其他传播渠道的配合和联动。另外，网络直播的直观性和冲击力在使传播内容能够快速、及时地到达用户，但是这种快速的传递方式难以全方位地传达品牌、产品的详细情况。整合营销传播是大势所趋，成功的营销活动必然是多渠道紧密配合，相互助力的。

1. 病毒式营销策略

病毒式营销是网络营销中的比较受欢迎，也是近几年颇受吹捧的营销方法。它基于互联网上信息的传播速度，依靠用户的口碑传播，使信息像病毒一样一传十、十传百地迅速蔓延，是一种高效的网络营销传播方式。病毒营销的一个主要特点就是，它的信息传播的扩散速度极强，能够在短时间内达到深入、全面扩散的能力；同时信息传播的途径和方法并非主要通过品牌实现的，而是能够积极

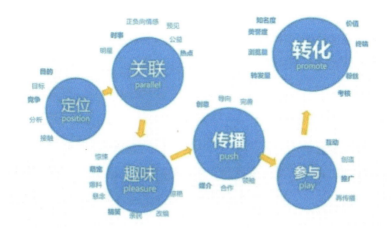

有效地带动用户，让用户主动、自主地参与其中，并完成传播的过程的一种传播方式。虽然大部分工作是用户来完成的，但是最关键的部分却需要品牌来投入更多的精力在策划上。通过一些富有创意、吸引力的传播内容感染用户，产生情感共鸣，使其自愿成为品牌营销传播的渠道，这种信息是在用户内部自由扩散，所产生的传播威力极为强大。

2. 互动营销策略

互动营销是指企业在营销过程中充分重视和利用消费者的意见和建议，并将其用于产品的规划和设计，为企业的市场活动服务。品牌营销的根本目的是获得盈利，要实现盈利就必须努力满足用户需求，生产和提供用户需要的产品和服务，那么如何明确用户需要，并生产满足其需要的产品和服务就成了品牌能否盈利的巨大挑战。想要了解用户需求就必须建立在对目标用户的充分沟通、了解的基础上，就必须建立亲密的互动关系。还要能够从双方的沟通、了解中，时刻掌握用户的最新要求，反推到产品和服务的生产流程，为后期的生产规划和走向提供基础和依据。与用户建立亲密的沟通和紧密的联系是生产环节中必不可少的，能够帮助品牌提升品牌价值，提升影响力。

3. 精准营销策略

精准营销是在足够理解用户资料、信息的基础上，依据用户的基本属性和喜好特点，有目的性地进行品牌营销。通过掌握大量的用户数据、信息，进行分析、判断，梳理出合理的解决方案，来进行科学性的传播是新时代下的品牌营销传播与大数据库营销结合起来的品牌营销新趋势。在精准定位的基础上，可减少盲目的生产或不适应市场的产品和服务，降低营销成本，实现利益的最大化。在这个过程中一定要注意掌握大量的用户信息，注重计划和结果相协调的营销传播方案。按照精细化定向营销（Precise Marketing）的理念和结构框架，将目标市场进行细分，可提高品牌营销的有效性，创造更大的传播价值。目前，在品牌营销过程中越来越重视通过"精准营销"的品牌营销模式，精确找到目标用户的需求，拉近与目标用户的距离。

4. 整合营销策略

品牌传播活动并非一种单一的、孤立的活动形式，而这些不足的是需要将品牌传播活动与整体的营销活动整合起来。品牌传播是一个整体的、系列的活动，需要有一定的连续性和持续性，是一整套连贯性的动作。无论是传播手段、传播模式还是传播内容的形式都可以多样性的、整合性的来开展。

随着网络传播技术手段的发展和网络媒体的普及和发展，使整个社会的营销背景也在不断地发生变化。整合营销理论在新媒体环境中也表现出了一种新的发展状态。网络直播打破了时空界限，使其传播内容能够迅速扩散，使与用户互动的方式有了新的进展，加深了品牌与用户的双向沟通和互动。通过利用网络广泛性、及时性、精准性地向用户提供产品和服务的信息，并在此基础上，加深对品牌、产品和服务的认同，增强用户黏性，提升销售的转化率。

任务实施

基于直播的产品运营方案

（一）背景分析

1. 直播行业发展

2020 年，直播行业迎来不平凡的一年。这一年，传统线下销售模式受到冲击，线下店铺经营受阻，商家纷纷试水直播，直播成为线下店铺复工利器，推动服装、休闲零食、美妆等产品转化，加速直播电商发展。紧接着，导购直播、旅游直播、助农直播等多样化直播涌现，仿佛一夜之间全民都是主播，万物皆可直播。

2. 出版社的直播探索

在"万物皆可直播"的时代，不少老牌出版社纷纷试水直播这一图书营销和品牌宣传新模式，通过镜头和屏幕拉近编辑与读者之间的距离，将更多好书直观呈现在读者面前。直播为作者、出版社和读者三者之间建立了一种新联系纽带。一方面，在出版社的推动下，作者发挥出了更强的营销潜能，读者可以通过直播更好地了解图书，促进了图书的销售转化。另一方面，作者通过直播收获了市场的认可和好评，也激励作者更加积极地参与到图书的生产和营销中。与此同时，作者在此过程中能切身体会到出版社的出版实力和服务，这让作者和出版社之间的关系更加紧密和融洽。出版社在持续的曝光和宣传中，将作者的营销资源和渠道的营销资源实现了效益最大化，提升了销量，也收获了更好的品牌知名度。

（二）目标用户

直播受众为与出版社品牌相符的人群，有一定的经济实力和购买需求，对于一些重点推荐的图书和畅销品种有着较好的购买力。

此外，考虑直播营销特征，直播的观众多为价格敏感型用户，单价比较低的必读书目在直播中会有较好的销售表现。

（三）产品分析

传统出版营销的主要目的都是售卖图书或课程、文创产品等出版社的文化产品，不论线上还是线下、网上书店优惠售书还是实体书店陈列设计，都是为了贩卖出版机构生产出的精神＋物质产品。出版直播能够打破这一局面，它使得出版营销的重点转移到出版机构本身，即出版品牌的塑造和精准的文化传播。通过直播营销，华东师范大学出版社不仅可以通过电商平台直播卖售书，还可以通过文化传播平台营销自己。

（四）运营策划

1. 直播类型与次数策划

（1）直播类型

新书发布会、相关纪念仪式、图书讲解、纪念朗诵会、论坛、颁奖典礼、读者见面会、相关课程、公益讲座、新书推荐、社庆活动以及一些创意策划。

以直播目的划分，可分为电商直播、文化服务直播、品牌建构直播等。

（2）直播次数

每月1到2次。

2. 直播平台策划

华东师范大学出版社可进行直播的主要平台有微信店铺、当当APP、京东直播、一直播、抖音等平台，这些平台可以分为四类，即自建直播平台，如微信商城等；电商直播平台，如天猫、京东、当当等；专业直播 APP，如一直播、风直播等；其他平台的直播板块，如腾讯新闻、抖音等。

（1）自建直播平台

自建平台为华东师范大学出版社微信店铺。依托微信便于引流，用户不需要额外下载其他应用，避免了平台嫁接造成的流量削减，且界面友好，直播区和讨论区互不干扰，便于接收用户反馈。

通过微信设置店铺，将受众集中到一个宣传口与微信公众号直接对接。线上营销流量为王，通过直播活动积累华东师范大学出版社的私域流量，进行流量转化，在无力量建立自身平台端口的情况下，微信店铺是省时省力的选择。

（2）电商直播平台

与出版产业联系紧密的电商平台主要是淘宝、当当、京东、天猫等电商巨头，网络书店本身就有一定独有的私域流量，也是华东师范大学出版社产品营销的最佳根据地。

京东是中国著名综合网络零售商，其开辟的"京东直播"板块专门用于商家推销和引流。目前电商直播已进入爆发过后的平稳发展期，京东抓住这一契机，着力推进平台的电商直播，通过流量的倾斜如平台内的首页推荐、搜索、相关链接等为店铺引流，发布优惠券、补贴等减轻店铺压力，这一举措对于出版机构来说颇具吸引力，可以为热度偏低的出版机构引来不少先期流量。京东的回放功能有利于内容的持续性传播，关联商品功能也可以让受众直接买到感兴趣的图书，鉴于以上的优势，可选择京东直播作为长期合作对象。

当当是中国书业电商巨头，也积极入局直播。"当当直播"在当当手机 APP 中占据了重要板块，直播预告按日期远近排列，用户可

开启直播提醒功能。与京东直播类似，当当直播界面也与相关商品直接关联，直播过程中随时都能购买图书。但当当直播无回放功能，因此直播可能会错失一部分潜在受众。当当直播的优势在于其平台用户风格与出版直播的受众高度一致，直播对用户的吸引和销售转化率比综合性的电商平台高得多，直播将会改变消费者的购书方式。

天猫和淘宝也是中国著名的电商平台，其背靠阿里集团，有相当大的流量

基础，用户主要聚焦二至六线城市，其出版直播具有带货、公平、耗时的特点。带货即指优质的电商直播对产品销售发挥的有利影响；公平即为平台均摊给予各店铺流量，避免出现较大的流量区隔，但不利之处在于如此获得的流量一般不足以支撑营销目标，因此较为耗时，需要通过数量足够的直播慢慢积攒流量，长线作战，对营销人员的挑战较大。

总体来说，华东师范大学出版社若利用电商平台进行直播，会非常有利于图书的直接销售，直播的商品转化率非常高，并且可以选择在双平台或多平台同时进行直播，获得多倍的曝光。通过直播中的互动行为与受众建立信任是一个十分讨巧的方式，主播如何把受众对自身的信任嫁接到产品上去，也需要出版直播的营销人员慢慢摸索。

（3）一直播 APP 与风直播 APP

一直播是一下科技开发的网络直播专业平台，是目前入驻最多出版机构的直播平台，人民文学出版社、中国轻工业出版社、浙江文艺出版社、接力出版社等数十家出版社皆在一直播有官方账号。

风直播是由凤凰新媒体开发的一款直播软件，是囊括各类直播主题的综合直播平台，与人民文学出版社合作过数次，总体来说风直播的直播界面友好，易于互动，图文直播、回放、相关链接板块完备了其作为信息资讯平台的功能，且背靠凤凰传媒，直播内容易达成媒体的二次传播。但风直播更多为各类新闻媒体、政务和文化机构传递资讯的场所，直播品类繁杂，华东师范大学出版社不易在平台中显露头角和收揽流量。

（4）其他平台的直播板块

抖音是近年大热的短视频平台，因其暴增的流量，也成为了各品牌趋之若鹜的营销平台。若华东师范大学出版社在抖音上布局，短视频和直播双管齐下，也有望取得良好的效果。抖音作为 2016 年主打短视频的平台，在 2017 年开辟了直播板块，迎合了当时网络直播爆发的市场背景。从抖音直播的具体情况看，其直播注重实时性，无回放，因此需要用户按时收看，观看时间缺乏灵活性。出版社的官方账号可以在主页提前进行直播预告，并直接链接商品橱窗，直播界面也有商品链接，这一功能具有电商平台的特性，对直播带货有一定的作用。

腾讯是致力于布局新文创全媒体产业链的巨头，与多家出版机构进行过合作，具有一定的出版直播经验，且善于做文化类直播，其旗下的腾讯视频和腾讯新闻都具有网络直播的板块，华东师范大学出版社可以借助腾讯本身丰富的直播经验和流量池为自身的直播赋能。

优酷视频是国内代表性视频平台，与腾讯类似，都具有网络直播的模块和一定的直播经验，直播界面都与专业性的直播平台别无二致，但从流量瓜分来说，这类视频平台并未把网络直播作为运营重点，出版机构与之合作的流量转化率也不尽如人意。

除传统视频平台外，二次元爱好者聚集的哔哩哔哩（bilibili）也吸引了各机构账号入驻。哔哩哔哩的主要用户在 24 岁以下，近年来由二次元逐渐向全领域娱乐化内容转化，从其发展趋势来看，未来哔哩哔哩必然会成为视频营销的重镇，华东师范大学出版社后续还可考虑将哔哩哔哩作为直播平台。

3. 直播营销要点策划

（1）依托创意策划的场景营销

常规直播内容主要包括新书发布会、读者见面会、颁奖典礼、相关论坛等传统类型的直播。这类直播主要依托于图书产品或某场活动，主要营销重点在线下，线上的直播只起到辅助作用，方便不在现场的受众线上观看，主持人或主播多是与线下在场的人员进行互动，并不是通常网络直播中的隔屏互动。

此外，还可开展经过一定的创意注入、会令人耳目一新的创意直播。如可策划文化云旅游类系列直播，带领线上受众参观萧红、巴金、茅盾等文学大家的故居及老舍纪念馆、鲁迅博物馆、现代文学馆等纪念性场馆，让无法实地参观的文学爱好者直观感受文化熏陶。

（2）依托相关事件的借势营销

除常规直播外，还可根据事件背景进行特殊的直播策划。如在新冠疫情的袭扰下，可贴合疫情开发了"以读攻毒"主题直播，呼吁读者在宅家期间通过阅读自我提升。

（3）依托图书内容的品牌营销

大多数直播营销可围绕自身的图书销售或品牌建设展开，通过直播这种形式完善面向读者的文化服务。

拓展练习

请根据基于直播的产品运营策划要点，参考华东师范大学出版

项目五

社基于直播的产品运营策划方案，制定一个华东师范大学出版社心理学类图书基于直播的产品运营策划方案。

具体要求如下：

1.需要包括背景分析、目标用户、产品分析、运营策划四方面内容；

2.背景分析部分需对产品进行总体背景分析；

3.目标用户部分需针对产品的目标用户分析；

4.产品分析部分需对产品的功能总体性分析；

5.运营策划部分包括直播类型与次数策划、直播平台策划、直播营销要点策划四方面内容，直播类型与次数策划需要对直播类型、直播次数进行分析与确定，直播平台策划部分需要根据分析选取合适的直播平台，直播营销要点需要综合考虑心理学类图书特点、直播营销特点等因素。

任务小结

1.基于营销策划要点，在分析同类产品的基础上进行了华东师范大学出版社基于直播的产品运营策划。

2.该策划方案要点包括直播类型与次数策划、直播平台策划、直播营销要点策划。

3.在各大品牌纷纷开启"网络直播＋品牌营销"的新模式下，品牌营销基本可以划分为六大模式。

4.以网络直播平台具有的聚合信息的能力，可以提高品牌的其他网络渠道的点击率和浏览量，提升品牌营销的整体效果。

任务六

纸书配套精准化微视频模式营销

背景介绍

互联网和新媒体的发展使信息传播得更快、更远、更广，为O2O线上平台的构建提供基础。在O2O模式中，用户的消费过程分为引流、转化、消费、反馈、存留。用户的消费体验可以即时反馈，他们也可以在同一平台上重复消费，整个过程是一个良性的循环。

传统出版业缺少的正是一种良性的循环。书刊一直是由出版社向读者单线输送，无法获取读者反馈，也就无法提升读者体验。

此处提出的针对出版社的O2O理念并非单向的Online to Offline，而是线上线下的相互导流，利用出版社自有的线下发行渠道，将线下读者导流到线上，打造垂直内容社区。通过用户数据的抓取和读者画像，实现内容的智能推荐和分发，将内容（产品）与读者的阅读场景关联起来，将不同的书刊场景关联起来，循序渐进地引导读者完成从知识分享到知识付费的转变，同时为出版社打造一条连接精准用户的稳定的营销渠道。

任务描述

　　某公司需要为华东师范大学出版社《解题高手》图书进行纸书配套精准化微视频营销策划。通过这一模式，用户可以扫描书页上的二维码获取配套微视频资源。请在调研分析同类产品营销特点的基础上，完成该营销方案。

任务目标

1. 知识目标

（1）理解二维码的图书应用；

（2）简述图书的二维码功能；

（3）简述纸书 O2O 场景营销模式；

（4）了解纸书配套精准化微视频做法。

2. 技能目标

（1）能够调研分析纸书配套精准化微视频模式特点；

（2）能够进行产品总体分析，确定背景与产品定位；

（3）能够梳理产品资源配套，确定二维码设置数量、制作与排版；

（4）能够根据产品特点制定纸书配套精准化微视频模式策划方案。

任务分析

针对纸书配套精准化微视频模式的两个案例。

一是人民卫生出版社在《吸入麻醉临床实践》《骨关节医学与康复》《腹腔镜胃癌根治术淋巴结清扫技巧》等医学类图书上尝试使用二维码。读者只要用装有相关软件的手机扫描图书上的二维码就可获取与该书相关的音频文件、手术视频和动画等内容。这种方式能够使专业类图书的内容表现形式丰富多样，提升了用户的阅读体验，帮助用户更好地理解和掌握专业知识。

二是 2006 年中国旅游出版社出版的《北京美食地理》一书中设置了大量的二维码，并在书中尝试利用二维码推介美食餐厅，实现二维码的商业性用途。此外，在美食图片旁边附上二维码，使读者在扫码后可连接到相关平台中，获取美食信息、观看烹饪视频。二

项目五

维码应用，能够使生活类图书内容得到极大的延伸，为图书增添更多的"生活气息"。同时，通过二维码能够为用户提供更多的生活服务，为人们的生活提供便利。

| 知识准备 |

（一）二维码的图书应用

目前，二维码在教辅类图书、少儿类图书、医学类图书、菜谱类图书、摄影类图书、畅销文学类图书等多种细分图书种类中已经得到越来越广泛的应用。

1. 教辅类图书

近年来随着二维码与传统纸质图书融合发展的深入，教辅图书的二维码应用遍地开花，应用模式也更加多样化，不仅与学习内容密切相关，还能为用户提供获取方便、资源丰富的知识服务，帮助用户更好地解决学习上的问题。总体来讲，教辅图书中的二维码应用主要体现在内容延伸和平台链接上。首先，在教辅图书中设置二维码，用户通过扫码就可以获取多种表现形式的延伸内容，例如，在语文、英语的教辅图书中，用户通过二维码可获取音频内容；在习题册例题旁设置二维码，用户扫码就可以获取名师讲解视频；在物理、生物等学科中，将概念、原理、实验过程等内容制作成动画视频等，通过二维码让用户更加直观、透彻地理解知识点。此外，用户通过二维码连接到教辅图书的数字资源平台中，获取更加多元化的知识服务，例如在平台中进行听力练习、下载课件、在线自测、购买图书等，家长和老师还可以通过平台对学生的学习情况进行监督和管理。二维码在纸质教辅图书中的应用，为用户提供了线上线下相结合的学习模式，能够在很大程度上提高纸质教辅图书在图书市场上的竞争力，有效促进传统教辅图书的销售。

2. 少儿类图书

如今，市场上多数的少儿图书都已经被二维码占领，应用二维码已经成为少儿图书的主流趋势。通过二维码，可以使传统纸质图书中的文字内容以音频故事、视频动画、交互电子书、立体动画形象等多种形式展现在孩子面前。少儿类图书的二维码应用主要有以下三种。第一，通过二维码实现文字、声音的同步呈现，即点读笔模式。例如，由我国天朗科技公司自主研发的 MPR 编码技术可以将少儿图书中的文字内容与音频精确关联，通过专有的 MPR 识读设备进行识读，就可以文字与声音同步呈现给用户，同步实现"听"和"看"。第二，通过二维码获取图书扩展内容。例如，在手工类图书中设置二维码，用户通过扫码就可以获取手工制作的视频文件，手把手教孩子做手工；在科学实验类图书中设置二维码，可将实验的原理、过程、结论以动画的形式展现在孩子面前，便于孩子理解和接受科学知识。第三，通过二维码建立 AR、VR 等新兴数字技术与纸质少儿图书之间的无缝链接。少儿出版与数字技术的媒介融合尝试不断，尤其是 AR、VR 技术在少儿图书中的应用前景广阔，二维码以其天然的技术优势成为连接入口。

3. 专业类图书

在专业类图书中，二维码的功能主要体现在扩展纸质图书内容和连接平台提供知识服务。专业类图书主要是为行业的从业者提供相关的专业知识，包括学术文章、著作、工具书等，内容通常会涉及法律、医疗、计算机、金融等领域的概念、原理、实验、案例等，专业类图书普遍内容枯燥难懂，并且受限于图书的表现形式，这些内容只能以图文的形式展现出来。二维码在专业类图书中的应用能有效地解决读者专业学习上的难题。在图书中设置二维码，用户可以通过扫码获取专业知识的讲解视频、动画演示等拓展内容，还可以通过二维码与平台连接为用户提供更加深入的知识服务。

4. 生活类图书

生活类图书的二维码应用主要体现在商业用途和内容扩展方面。

5. 文学类图书

文学类图书的二维码应用主要以营销宣传为主。传统的图书宣传信息需要通过媒体、市场、社会等营销渠道传播出去。如今，在图书封面、腰封等醒目位置印上二维码，读者基于阅读兴趣主动扫码获取图书信息，同时将用户数据回传，出版社依据读者喜好，向读者推送同类图书的相关信息。此外还可以通过建立图书社群举办线下活动，如合作者交流、参加线下的签售、读书会等活动，扩大图书和作者的影响力。

（二）图书二维码功能分析

1. 用于扩展图书内容

将二维码设置在图文旁，读者扫码后便可获取相关的动画演示和音频视频讲解等数字资源。通过在传统纸质图书中设置二维码的方式，能够极大地拓展图书内容，充分发挥纸质媒介和数字媒介两者的优势，使两者相辅相成。二维码在图书中最主要的应用功能就是为读者提供更多、更好、更全面的内容增值服务。随着二维码在图书中应用的全面铺开，读者通过扫码就可以获得与纸质文字内容息息相关的图片、音频、视频、动画等多媒体内容资源。此外，在图书中设置空码，根据读者的实际阅读需求添加扩展内容、随时更新内容，无限延长图书的"生命周期"。

2. 用于数字资源的链接

以二维码作为连接入口，用户通过扫码可与各种数字资源相连接，包括出版社自有数字资源平台、第三方网络平台、微博、微信、APP 等。在传统出版业媒介融合和转型升级的大环境下，出版社通过对自有数字资源平台的建设和发展，将出版社的数字资源整合起来，以二维码作为连接入口，将纸质图书内容与数字资源平台相连接，为用户提供全面的知识服务，此外，平台基于用户的访问信息，通过大数据技术进行数据挖掘，为用户制定出个性化内容并进行精准推送。当读者对知识服务感兴趣时，可扫码支付获得更全面的知识服务。

（三）纸书 O2O 场景营销模式

我国严格的出版准入政策为出版行业筑起了坚固的壁垒；而出版社在多年的实践中，积累了丰富的选题策划、编辑加工、营销发行经验，这是传统出版的优势和价值所在。

因此，出版社应该对纸质书进行重新定位，保留其阅读体验和感染力，同时利用线上增值服务，弥补纸质书因为体量限制造成的载体功能不足，将内容从线下延伸至线上，将服务由一次性转变为长期。

纸质书是现代纸书场景营销最佳的流量入口，除去特殊的文化含义外，纸质书的商品属性也使其成为一种成本极低的获客渠道，现代纸书可以在商品流通的过程中重复获取大量有效用户，几乎不需花费广告成本而实现"每本书的成本＜每本书的实洋＋转化人数 × 衍生内容付费"。

纸质书可以类比为互联网场景营销中的 APP，是在真实的阅读场景中离读者最近的线下入口，读者在读书的过程中就可以轻易进入预设好的内容场景。将入口设置在纸质书上，既能保证沉浸式阅读的体验，又可以排除其他媒体渠道的干扰。当读者看到一个故事，被这个故事打动的时候，他的痛点就变成了基于这个场景的解决方案。每本书的场景是固定的，因此，预测读者将会在书的什么位置、看书的什么时间，想做什么事，并适时提供给读者具有刚性需求的内容或服务，比随机的互联网场景营销更简单。纸质书与"知识"存在的天然联系，正好搭乘"知识付费"的快车，利用读者的多次付费实现盈利。

基于纸质书的 O2O 场景营销还弥补了传统出版营销和互联网场景营销的不足。纸质书的内容场景和入口是稳定存在的，并可以多次触发不同读者的相同需求。线上的服务是长期的，并不只是为了触发读者一次性的冲动消费。读者群体也是稳定且精准的，即使实体书被放在第三方平台售卖或是被盗版发行，线下导流的读者依然能够到达出版社的线上社区，不会造成用户流失。

1. 导流方式

识别点技术的成熟是读者导流的技术基础。仅在 2014 年上半年，我国手机用户总扫码次数就达到 21.59 亿次，扫码手机用户总数超过 4 亿人次，二维码已经是我国普及率最高的信息识别点，其识别技术也臻于成熟。微信已经将扫码培养为手机用户的使用习惯，看到一个二维码，多数用户都习惯打开微信扫码，即使没有微信，大多数应用程序也具备扫码功能。将二维码作为入口放在纸质书上，既符合读者的使用习惯，又对技术要求不高，对书本内容、排版也无影响。只需在二维码旁放置一段导引文字，点出读者痛点，告诉读者扫码将获取免费的解决方案。

在导流的初级阶段，出版社一定要用读者可以免费获取的内容（服务），为读者提供便利，建立社区与读者的连接，保持互动和读者活跃度。单一的读者扫码行为可以实现读者静态信息（读者相对固定的基础性信息）的抓取，而通过读者反复的线上活动和获取内容的行为，还能搜集、积累读者的动态信息（读者的行为轨迹信息），勾勒出完整的读者画像，给读者打上相应的标签。出版社从而借助网站、移动平台、社交网络以及物联网等多方平台推动知识产品的数字化运营，为读者提供个性化、定制化和分众化的知识投送服务，实现内容生产机构的价值，为下一步提升读者转化率做好准备。

2. 读者转化

这一阶段追求的重点在于将线上流量转化为消费。大数据确定读者属性（性别、年龄、地域、职业、收入、婚姻状态等），叠加其阅读场景属性，分析读者在当前场景中的特征和表现，对其行为进行预判，实现对读者消费行为的有效引导。有两种收费模式常被采用：普通内容（服务）免费，增值内容（服务）收费；这个内容（服务）免费，那个内容（服务）收费。

提高转化率更像是对读者心理的揣摩，关键不只是发现读者痛点，提供解决方案，而是提供超出读者预期的解决方案。单纯满足读者需求所获收益是有限的，向读者传递不同的价值观，提供超预期的内容（服务），进行需求再造，更能刺激消费。

（1）刚需场景的转化模式——解决痛点

刚需书刊是读者转化最容易的一类。顾名思义，读者带着强烈的目的性紧迫阅读此类书籍，同时暴露出明确的使用场景和痛点。所以，出版社提供的增值内容（服务）要能缓解读者的紧迫感，帮助其达成目标。以教材教辅为例，其阅读场景属性是使读者节约学习成本，降低学习难度，读者阅读的目的是用更少的时间提高学习成绩。出版社需要向读者传达，使用额外的服务能使他们进一步事半功倍。以外语教学与研究出版社出版的《2018 王江涛考研英语满分范文背诵》为例，本书的目标读者是参加 2018 年研究生考试的考生，他们的阅读目的很明确，使用场景很明确，读者在各个时间段将产生的需求和需求的爆发点都是可预测的。在封面设置二维码入口，配上一目了然的导引文字，告诉读者，这个入口里面是名师讲作文的音频，能够快速提升考生的英语写作能力，在研究生考试中取得高分。可以预见考生一定会扫码。听过一部分免费音频之后，多数考生会选择付费继续收听。

（2）休闲场景的转化模式——需求再造

休闲书刊的读者转化是最难的，因为此类书刊的目标读者范围太大，其购买行为也没有表现出明确的需求，难以对他们采取精准营销。促使他们产生消费的原因只有一个——他们能从休闲书刊中获得愉悦和满足感。针对休闲书刊的读者，出版社可以采用需求再造的方式刺激消费。

第一类需求再造是触发读者的一次性消费。出版社主动建立一个场景去激发读者需求。例如，在一本历史主题读物的随书二维码里加入一个小应用，扫码的读者可以生成个人随机图，并查看自己是三国中的哪个人物。基于同一本书扫码的人会形成一个线上的社交圈子，再给这个小应用加上人物配对的功能，这个圈子里的人都可以看到谁抽中的人物和谁的是一对。这就人为激发了读者一个需求——配对不满意的人想换个人物。玩应用是免费的，换人物就要收费了。这就是一种被触发的冲动消费。还有常见的限时打折也是同样的思路，在读者感到最渴望的时候第一时间将他想要的东西提供给他，能够最快促成消费，虽然事后读者可能会为一时冲动而后悔，但是消费已经完成，一次性的场景已经失效。

第二类需求再造是构建一个稳定、舒适的环境（平台），通常从免费或低价的读者服务开始，慢慢培养读者黏性，最终达成有偿服务的消费。这一模式需要保证用户体验，良好的用户体验可以把用户的弹性需求培养为刚性需求。平台在潜移默化地改变用户的生活方式，使用户依赖于平台的服务，进而将服务演变为刚性需求。用户在使用平台服务的过程中产生的需求就是平台的盈利点，典型案例就是打包售卖会员。促使用户购买会员的原因其实是用户的"预期"，要么给予用户对会员特权很高的期望，使他们有获得特权的满足感；或是用折扣等方式使用户认为使用平台的长期回报会大于付出。用户购买会员后，一旦产生消费需求，就会在同类型平台中优先选择该平台。长此以往，很多用户在会员失效之后因为特权服务的中断感到心理落差，进而会选择续费会员。

（3）学术场景的转化模式——知识分享

很多学术期刊出版册数非常少，甚至不进入市场销售，传播渠道受限。学术出版的受众大多是高校学生及教师，尊重知识并渴求知识。因此，学术出版适用于走知识分享向知识付费转化的路线。线上的知识分享也有助于学术成果通过互联网进行广泛传播，解决了学术交流的难题。针对学生和教师两大类读者群体，学术期刊可以推出两种不同的服务。第一，学术文章通常很深奥，学生看了可能有满腹疑问，学术期刊可以免费提供作者对文章的自我剖析和观点介绍。第二，老师看了学术文章可能亟待与作者交流探讨，学术期刊可以推出付费问答。付费问答的模式可以参考付费语音问答平台"分答",由作者设定问题金额,作者可以选择是否回答,其他用户可支付1元对问答进行偷听,提问者和回答者各获一半分成。学术问答不限语音时长。付费问答原本就应该是精英阶层促进知识流通的手段,回归学术才是适得其所。

任务实施

纸书配套精准化微视频运营方案

(一)背景分析

二维码在传统出版领域的应用方式不断走向成熟,二维码成了促使传统平面媒体转化为新型多媒体平台的重要介质。在二维码桥梁的连接下,传统的纸质教辅可以从静态化走向动态化,从单一呈现走向立体呈现。

二维码实现了纸质图书的多媒体化。读者用装有扫码软件的手机、平板电脑等移动智能终端扫描教辅图书中的二维码,就可体验到图片、音频、视频等形式呈现的多媒体教学,带来鲜明生动的听觉和视觉冲击。

(二)目标用户

华东师范大学出版社《解题高手》纸书配套精准化微视频定位于中小学生,根据中国青少年中心所做的"2015年青少年人口详述",截至2015年底,中国中小学生人数共2.08亿,喜欢新鲜事物、心态开放、接受度高,作业与考试压力大。

在学习层面具有如下特征:接受能力不一,部分学生落后于学校学习进度，部分需巩固当前知识，部分可拓展更深；学习动力不足，未成年的意志力比成年人更弱，需学习上需要更多的激励。

（三）产品分析

在华东师范大学出版社《解题高手》纸质图书的基础上印制二维码或增值服务码，读者扫码后链接到网站平台或下载 APP 获取数字资源。通过纸书配套精准化微视频模式，让读者切身感受到名师的细致教学，使教学中的重难点更好地得到解释和突破。

（四）运营策划

1. 资源配套

二维码链接的数字化资源，一方面来源于作者队伍的专业积累，另一方面来源于出版社的数据资源建设，并且要根据教材需要进行一定碎片化和再加工。

为便于理解数字化资源内容，在实际操作中，根据华东师范大学出版社《解题高手》图书内容设置数字化资源清单。具体内容包含章节名称、主要知识点梳理、PPT、教学录像、图片、动画视频、电子文件和教学辅助参考文献等，用以辅助课后学习。

清单梳理完成后，进行针对性精准化微视频录制，以便于后续工作开展。

（1）微课视频

视频类资源是最受欢迎的一种形式，可由慕课、教学视频、实验实训视频等资源加工而成。视频一般为 mp4、avi 等格式，要求画面清晰、播放流畅，配音要用普通话、吐字清楚，最好配有字幕。此外，微课视频的时长一般在 5 到 8 分钟为宜。

针对《解题高手》重难点题目配套微课视频，是本书二维码的主要呈现方式，针对初学者的学习内容和进度，提供完整的问题分析、解答过程的视频，学习者身临其境体验学习，能够让学习更有效。

（2）参考答案

《解题高手》一书中的习题答案在做二维码之前，纸样排版后页数相当之多。如果都放到纸质图书中不但会增加图书的页码和定价，而且会让部分疏于思考的读者直接参考答案，没有起到自主学习的作用。综合考虑将习题答案做成文字二维码形式，有效地节省篇幅和降低定价。

（3）答题系统

"扫一扫"后可以跳转到网站，学习者可以根据里面的章节进行练习。此外，答题系统还有大量的习题供学习者参考。学习者每次提交作业后，老师都会在后台批改，并能及时反馈分数及错误提示信息，让学习者逐渐掌握和提高解题技巧。

（4）教学课件

在编写华东师范大学出版社《解题高手》纸质图书的同时编写教

学 PPT，出版时做二维码链接印在书上，师生们扫一扫就可以获得课件。PPT 上呈现知识的重难点，可帮助教师备课，学生预习、复习。

（5）学科相关内容

纸质图书的篇幅是有限的，而通过二维码可以获得知识无限的拓展，与课程相关的知识链接、教学背景、案例、小贴士等，扫码阅读以拓展学生的知识面，提高学生的求知欲，激发学生学习兴趣。

（6）更正、更新或补充内容

纸质图书中的很多错误是在使用过程中发现的，利用二维码技术，可以将华东师范大学出版社《解题高手》勘误内容即时发布，不必等待重印或再版，而且可在后台系统补充的最新内容，保持图书的先进性。

（7）出版社微信公众号、微博、微店

把宣传、营销的二维码印在封面或封底，借助二维码制作图书宣传专题、购买链接等，无须成本就可以做到营销推广。更可以利用二维码客户端上评论、分享、转发的功能，通过平台留言，与读者互动，收集教材使用反馈意见，为将来选题策划和修订再版做参考。

2. 二维码的位置

（1）二维码嵌入文前

将二维码放在《解题高手》前言中，对全书内容整体把握，如本书的学习方法、PPT 等。

（2）将二维码嵌入每章的开篇处

嵌入《解题高手》每章导读，使读者在进入学习状态之前，对本章知识点有大概的了解，整体把握所要学的知识。

（3）将二维码嵌入节内容处

针对读者难以掌握的知识，讲解重难点。

（4）将二维码嵌入每章内容之后

嵌入《解题高手》的知识补充与扩展内容中，这部分内容是在教学大纲之外的不常用的内容，供读者根据需要进一步学习。

（5）将二维码嵌入习题中

用视频展示《解题高手》中的常见解题错误和正确解题，从而解决读者在解题中遇到的众多实际问题。

3. 二维码的设置数量

《解题高手》章节中的二维码，具体设置数量时编辑应根据教材内容需要以及前期积累数字资源体量和作者充分沟通确定。根据本书内容，建议设置二维码的数量在 30 个左右，但不建议超过 50 个。

因为二维码是为补充完善《解题高手》图书服务的，处于从属地位。过多的二维码，一方面，容易冲淡图书主体内容，喧宾夺主；另一方面，读者不停地扫码，反而会造成阅读不便。

同时，设置多个二维码有助于将数字资源拆分到具体章节或者知识点，针对性强，也便于提高资源的下载速度。

4. 二维码的制作与排版

二维码存储为 JPG 格式，像素选择 1000×1000，大小在 30 kb 左右。

将制作好的二维码插入《解题高手》正文进行排版时，不仅要考虑排版的美观性，更要照顾读者的阅读体验。二维码的排放首先要对应知识内容，其位置要有一定规律可循，使读者有一定的心理预期，不影响阅读节奏。

为保证手机识别效果，提高用户阅读体验，二维码在《解题高手》图书中的版面尺寸采用 2 cm×2 cm。

因为二维码分布在不同章节的不同位置，为便于读者掌握整《解题高手》的数字化资源情况，在书本配套数字教学资源汇总表中对资源类型、资源名称、学习目的、来源、时长、大小、书中页码都做了量化整理。通过表格，读者不仅可以了解作者设置相应内容的目的，还可以根据文件大小考虑用户下载的网络环境，使读者真正得到贴心的增值服务。

5. 二维码设计

拓展练习

请根据纸书配套精准化微视频模式策划要点，参考华东师范大学出版社《解题高手》图书纸书配套精准化微视频模式策划方案，制定一个本教材《融出版产品营销》纸书配套精准化微视频模式策划方案。

具体要求如下：

1. 需要包括背景分析、目标用户、产品分析、运营策划四方面内容；

2. 背景分析部分需对产品进行总体背景分析；

3. 目标用户部分需针对产品的目标用户进行详细分析；

4. 产品分析部分需对产品的功能进行总体性分析；

5. 运营策划部分包括资源配套、二维码的位置、二维码的设置数量、二维码的制作与排版、二维码设计五个方面内容，资源配套部分需要对链接的资源进行分析与梳理；二维码的位置、二维码的设置数量、二维码的制作与排版部分需要根据图书实际情况与特点进行策划，说明二维码的数量、尺寸等信息；二维码设计需要包括引导语与样式设计。

任务小结

1. 本任务基于策划要点，在分析同类产品的基础上进行了华东师范大学出版社《解题高手》图书纸书配套精准化微视频模式策划。

2. 图书二维码功能包括用于扩展图书内容以及用于数字资源的链接。

3. 纸书 O2O 场景营销模式中需要注重导流方式与读者转化。

结　语

本书的编写始终围绕融合出版的核心理念，通过丰富的案例和深入的分析，试图为读者呈现融合出版的全貌。然而，融合出版的发展仍在不断演进之中。本书所介绍的案例和经验，只是融合出版发展过程中的一个缩影。期待读者能够在本书的基础上，进一步探索和实践，为融合出版的发展贡献自己的智慧和力量。

对于笔者来讲，本书的编写过程是一段加强学习和研究的过程。从构思编写思路到敲定内容框架，从逐章逐句编写到反复修改完善，此间的种种经历，至今仍记忆犹新。经过不懈努力，本书终于正式出版。

在本书编写过程中，上海新闻出版职业技术学校黄彬校长、郑亮副校长等领导给予了诸多关怀和支持，国家新闻出版署出版融合发展（华东师大社）重点实验室钱渊欣等行业专家给予了专业指导，上海触讯信息科技有限公司蔡佐克等工程师提供了有关技术支持，同时本书也参考了若干著作、论文和教材的研究成果，在此一并表示诚挚的感谢！

由于笔者水平有限，本书仍有不足之处，甚至难免疏漏和错误，由衷期盼各位同仁特别是使用本书的教师、学生给予批评指正。

2025 年 2 月

图书在版编目(CIP)数据

融合出版 : 产品全流程设计与应用 / 韩超著.
上海 : 上海人民出版社, 2025. -- ISBN 978-7-208
-19465-6

Ⅰ. G23

中国国家版本馆 CIP 数据核字第 2025YS8129 号

责任编辑　周　珍
封面设计　陈绿竞

融合出版:产品全流程设计与应用
韩　超　著

出　　版　上海人民出版社
　　　　　（201101　上海市闵行区号景路 159 弄 C 座）
发　　行　上海人民出版社发行中心
印　　刷　苏州工业园区美柯乐制版印务有限责任公司
开　　本　635×965　1/16
印　　张　20.75
插　　页　4
字　　数　249,000
版　　次　2025 年 5 月第 1 版
印　　次　2025 年 5 月第 1 次印刷
ISBN 978 - 7 - 208 - 19465 - 6/G · 2217
定　　价　128.00 元